*Registro general de la*

# ESCUELA DOMINICAL

# INFORMACION GENERAL

## PROPOSITO

Este libro de registros le proveerá la información permanente de las actividades de su escuela dominical. Fue designado para el uso de la escuela en general y se puede usar también para cada departamento.

## DIVISIONES

El libro tiene siete divisiones: (1) Información general y Plan de Avance; (2) Registro de obreros; (3) Informes semanales; (4) Resúmenes mensuales; (5) Resúmenes trimestrales; (6) Informes anuales; (7) Informes financieros. Los resúmenes mensuales se encuentran en la página siguiente al quinto domingo de cada mes. Los informes trimestrales y los informes anuales están agrupados en la parte posterior del libro.

En el canto encontrará un índice de las divisiones de este registro. Coloque el pulgar sobre la sección deseada y al voltear las hojas la encontrará.

## REGISTRO DE OBREROS

Comenzando por el pastor y el superintendente, anote a todos los funcionarios generales y a los maestros. Incluya nombres, direcciones y números de teléfonos. Indique el cargo de cada individuo en la columna que dice puesto, la cual se encuentra en el extremo izquierdo de la página.

En la página opuesta denominada "Fidelidad de obreros" mantenga un registro de la asistencia a la conferencia de obreros. Un espacio adicional es provisto para anotar la fecha en que se les otorgó el certificado de adiestramiento a cada obrero. La columna "veces ausente" es importante. Los informes para el PLAN DE AVANCE se tomarán de este registro.

La asistencia de maestros y otros funcionarios se toma de los registros de clases y de departamentos o del libro del secretario general. Use líneas verticales (////) al llenar los registros. No confunda dos líneas con el número "11".

## INFORME SEMANAL

Estas páginas son para registrar permanentemente las actividades semanales de la escuela dominical. La información se compila en una hoja por separado, o de los registros de las clases si se prefiere. Escriba con claridad y recuerde que la exactitud es muy importante. Estas anotaciones son los registros permanentes de su escuela dominical y deben ser revisados por los encargados de las finanzas tantas veces como sea pertinente.

El encabezamiento incluye fecha, ocasiones especiales así como condiciones de tiempo los cuales pueden ser factores determinantes.

Los encabezamientos son como sigue:

1. Matrícula: Comience la lista de los registros de cada clase o departamento en estos cuadros. La inscripción puede hacerse con los que asisten el primer domingo y/o si el visitante manifiesta su deseo de ser matriculado. Ningún nombre deberá ser quitado a menos que el individuo así lo requiera o por cambio de residencia o por deceso.

2. Clase o departamento: El nombre de la clase o departamento debe anotarse aquí. Los miembros del departamento de extensión son contados en la lista pero no en la asistencia a menos que estén presentes en la sesión de la escuela dominical. Esto también se aplica a la Lista de la clase de cuna.

3. Miembros presentes: Anote los miembros presentes de acuerdo a los registros de las clases o departamentos.

4. Visitantes: Anote el número de los visitantes de acuerdo a los registros de las clases o departamentos. Toda persona no matriculada es contada como un visitante.

5. Columna en blanco: Para el uso a discreción de la escuela.

6. Asistencia a la predicación: Cuente y anote el número de miembros de las clases que se quedan al culto de predicación el domingo después de la escuela dominical.

7. Total de ofrendas: Anote el total de las ofrendas de acuerdo a los registros de las clases y de los departamentos. El total en esta columna ofrecerá un registro de las contribuciones regulares de la escuela dominical. Le aconsejamos no incluir las ofrendas especiales para poder hacer una comparación anual de las ofrendas.

8. Continuación: La asignación para esta columna se llena a fin de tener un registro del presente domingo. El total de visitas, llamadas telefónicas, cartas y tarjetas no se registrará sino hasta el siguiente domingo.

## RESUMENES DE INFORMES MENSUALES Y TRIMESTRALES

Estos registros son compilados por el secretario general al final de cada mes y trimestre. Se recomienda una revisión periódica por el pastor y el superintendente a fin de poder rendir un informe a la Conferencia de obreros.

## RESUMENES ANUALES

Los registros en esta división son importantes para los planes administrativos y para proporcionar datos al momento de llenar los informes anuales. El resumen anual da el cuadro total de las clases y los departamentos de la escuela. Los registros sobre evangelismo personal muestran los nombres de los individuos que decidieron servir al Señor.

## INFORMES FINANCIEROS

Las ofrendas de la escuela dominical y las de misiones se deben compilar para una fácil referencia. Se ha provisto un espacio para registrar las entradas y salidas al final del libro.

# EL PLAN DE AVANCE

El Plan de Avance es una especie de "medidor" para que las escuelas dominicales puedan observar tanto sus progresos como sus debilidades. Evalúa el crecimiento y encamina a la escuela hacia el éxito en lo que se refiere a la salvación de las almas y el adiestramiento de sus funcionarios y obreros. Este instrumento de evaluación no intenta comprar una escuela con otra; en cambio ayuda a la escuela a medir sus propios adelantos y progresos.

El informe anual provee a cada escuela con un resumen de sus logros en el cumplimiento de EL PLAN DE AVANCE. Cada año una copia del informe anual será enviada por el director nacional o de distrito a cada escuela local. La comisión ejecutiva de la Escuela Dominical debe llenar y revisar el informe anual el último domingo de diciembre. Debe luego enviarse a la oficina del director nacional a fin de reunir información estadística respectiva. Una copia del informe anual, con el sello o premio al que se han hecho acreedores, les será enviada para sus propios archivos permanentes.

Los sellos para las cartulinas de EL PLAN DE AVANCE se obtienen por las siguientes calificaciones: Corona de Oro: 90-100 puntos; Corona de Plata: 80-89; Corona Azul: 70-79; Cooperativa, menos de 70. Cada Escuela Dominical debe esforzarse para obtener un puntaje superior a 70.

El secretario general debe solicitar la ayuda de los secretarios de clases tanto como de los maestros para mantener los archivos y registros de tal manera que pueden llenar los informes anuales a su debido tiempo. Toda duda debe consultarse con el Servicio de Educación Cristiana, 2535 N. 40 Avenue, Hollywood, Florida 33021, E.U.A.

## PASO 5 DEL PLAN DE AVANCE

Se conceden puntos o "créditos" por este paso si la Escuela Dominical emplea un sistema de registros que abarque lo siguiente:

A. Un plan de continuidad a fin de que los maestros y obreros visiten las casas de los que han faltado a clase así como de los visitantes.

B. Confección de informes regulares en el formulario anual de informes que se enviarán al Departamento de Escuelas Dominicales del país o si no hay un Departamento Nacional de Escuelas Dominicales, al Servicio de Educación Cristiana, 2535 N. 40 Avenue, Hollywood, Florida 33021, E.U.A.

# REGISTRO DE OBREROS

| PUESTO | NOMBRE | DIRECCION | TELEFONO |
|--------|--------|-----------|----------|
|        |        |           |          |
|        |        |           |          |
|        |        |           |          |
|        |        |           |          |
|        |        |           |          |
|        |        |           |          |
|        |        |           |          |
|        |        |           |          |
|        |        |           |          |
|        |        |           |          |
|        |        |           |          |
|        |        |           |          |
|        |        |           |          |
|        |        |           |          |
|        |        |           |          |
|        |        |           |          |
|        |        |           |          |
|        |        |           |          |
|        |        |           |          |
|        |        |           |          |
|        |        |           |          |
|        |        |           |          |
|        |        |           |          |
|        |        |           |          |
|        |        |           |          |
|        |        |           |          |
|        |        |           |          |
|        |        |           |          |
|        |        |           |          |
|        |        |           |          |
|        |        |           |          |
|        |        |           |          |

# FIDELIDAD DE OBREROS

| ASISTENCIA A LA CONFERENCIA DE OBREROS | | | | | | | | | | | | TOTAL | CUANDO RECIBIO SU CERTIFICADO | VECES AUSENTE | GRADO DE EFICIENCIA ANUAL |
|---|---|---|---|---|---|---|---|---|---|---|---|---|---|---|---|
| ENE | FEB | MAR | ABR | MAY | JUN | JUL | AGO | SEP | OCT | NOV | DIC | | | | |
| | | | | | | | | | | | | | | | |
| | | | | | | | | | | | | | | | |
| | | | | | | | | | | | | | | | |
| | | | | | | | | | | | | | | | |
| | | | | | | | | | | | | | | | |
| | | | | | | | | | | | | | | | |
| | | | | | | | | | | | | | | | |
| | | | | | | | | | | | | | | | |
| | | | | | | | | | | | | | | | |
| | | | | | | | | | | | | | | | |
| | | | | | | | | | | | | | | | |
| | | | | | | | | | | | | | | | |
| | | | | | | | | | | | | | | | |
| | | | | | | | | | | | | | | | |
| | | | | | | | | | | | | | | | |
| | | | | | | | | | | | | | | | |
| | | | | | | | | | | | | | | | |
| | | | | | | | | | | | | | | | |
| | | | | | | | | | | | | | | | |
| | | | | | | | | | | | | | | | |
| | | | | | | | | | | | | | | | |
| | | | | | | | | | | | | | | | |
| | | | | | | | | | | | | | | | |
| | | | | | | | | | | | | | | | |
| | | | | | | | | | | | | | | | |
| | | | | | | | | | | | | | | | |
| | | | | | | | | | | | | | | | |
| | | | | | | | | | | | | | | | |

# REGISTRO DE OBREROS

| PUESTO | NOMBRE | DIRECCION | TELEFONO |
|--------|--------|-----------|----------|
|        |        |           |          |
|        |        |           |          |
|        |        |           |          |
|        |        |           |          |
|        |        |           |          |
|        |        |           |          |
|        |        |           |          |
|        |        |           |          |
|        |        |           |          |
|        |        |           |          |
|        |        |           |          |
|        |        |           |          |
|        |        |           |          |
|        |        |           |          |
|        |        |           |          |
|        |        |           |          |
|        |        |           |          |
|        |        |           |          |
|        |        |           |          |
|        |        |           |          |
|        |        |           |          |
|        |        |           |          |
|        |        |           |          |
|        |        |           |          |
|        |        |           |          |
|        |        |           |          |
|        |        |           |          |
|        |        |           |          |
|        |        |           |          |
|        |        |           |          |
|        |        |           |          |
|        |        |           |          |
|        |        |           |          |
|        |        |           |          |
|        |        |           |          |

# FIDELIDAD DE OBREROS

| ASISTENCIA A LA CONFERENCIA DE OBREROS | | | | | | | | | | | | TOTAL | CUANDO RECIBIO SU CERTIFICADO | VECES AUSENTE | GRADO DE EFICIENCIA ANUAL |
|---|---|---|---|---|---|---|---|---|---|---|---|---|---|---|---|
| ENE | FEB | MAR | ABR | MAY | JUN | JUL | AGO | SEP | OCT | NOV | DIC | | | | |
| | | | | | | | | | | | | | | | |
| | | | | | | | | | | | | | | | |
| | | | | | | | | | | | | | | | |
| | | | | | | | | | | | | | | | |
| | | | | | | | | | | | | | | | |
| | | | | | | | | | | | | | | | |
| | | | | | | | | | | | | | | | |
| | | | | | | | | | | | | | | | |
| | | | | | | | | | | | | | | | |
| | | | | | | | | | | | | | | | |
| | | | | | | | | | | | | | | | |
| | | | | | | | | | | | | | | | |
| | | | | | | | | | | | | | | | |
| | | | | | | | | | | | | | | | |
| | | | | | | | | | | | | | | | |
| | | | | | | | | | | | | | | | |
| | | | | | | | | | | | | | | | |
| | | | | | | | | | | | | | | | |
| | | | | | | | | | | | | | | | |
| | | | | | | | | | | | | | | | |
| | | | | | | | | | | | | | | | |
| | | | | | | | | | | | | | | | |
| | | | | | | | | | | | | | | | |
| | | | | | | | | | | | | | | | |
| | | | | | | | | | | | | | | | |
| | | | | | | | | | | | | | | | |
| | | | | | | | | | | | | | | | |
| | | | | | | | | | | | | | | | |

# INFORMES SEMANALES

**FECHA:**  **OCASION:**   CONDICIONES DE TIEMPO:

| MATRICULAS | CLASE O DEPARTAMENTO | MIEMBROS PRESENTES | VISITANTES | ASISTENCIA TOTAL | ASISTENCIA TOTAL AL CULTO | CANTIDAD DE OFRENDAS | CONTINUACION* | | | | |
|---|---|---|---|---|---|---|---|---|---|---|---|
| | | | | | | | ASIGNATURA | VISITAS | LLAMADAS TELEFONICAS | CARTAS O TARJETAS | TOTAL DE CONTACTOS |
| | OFICIALES | | | | | | | | | | |
| | | | | | | | | | | | |
| | | | | | | | | | | | |
| | | | | | | | | | | | |
| | | | | | | | | | | | |
| | | | | | | | | | | | |
| | | | | | | | | | | | |
| | | | | | | | | | | | |
| | | | | | | | | | | | |
| | | | | | | | | | | | |
| | | | | | | | | | | | |
| | | | | | | | | | | | |
| | | | | | | | | | | | |
| | | | | | | | | | | | |
| | | | | | | | | | | | |
| | | | | | | | | | | | |
| | | | | | | | | | | | |
| | | | | | | | | | | | |
| | | | | | | | | | | | |
| | | | | | | | | | | | |
| | | | | | | | | | | | |
| | | | | | | | | | | | |
| | | | | | | | | | | | |
| | | | | | | | | | | | |
| | | | | | | | | | | | |
| | | | | | | | | | | | |
| | | | | | | | | | | | |
| | | | | | | | | | | | |
| | | | | | | | | | | | |
| | DEPARTAMENTO DE EXTENSION† | | | | | | | | | | |
| | TOTALES HOY | | | | | | | | | | |
| | TOTAL AÑO PASADO | | | | | | | | | | |

* CONTINUACION: LA INFORMACION SERA COMPLETADA EL PROXIMO DOMINGO EXCEPTO LA COLUMNA DE ASIGNATURA.

† CUENTE LA ASISTENCIA DE EXTENSION SOLO SI ESTAN PRESENTES.

**DATOS PARA INFORME ANUAL**

ALMAS SALVADAS _____

ASISTENCIA AL CULTO DE PREDICACION ____%

# INFORMES SEMANALES

CONDICIONES DE TIEMPO:

FECHA:      OCASION:

| MATRICULAS | CLASE O DEPARTAMENTO | MIEMBROS PRESENTES | VISITANTES | ASISTENCIA TOTAL | ASISTENCIA TOTAL AL CULTO | CANTIDAD DE OFRENDAS | CONTINUACION* | | | | |
|---|---|---|---|---|---|---|---|---|---|---|---|
| | | | | | | | ASIGNATURA | VISITAS | LLAMADAS TELEFONICAS | CARTAS O TARJETAS | TOTAL DE CONTACTOS |
| | OFICIALES | | | | | | | | | | |
| | | | | | | | | | | | |
| | | | | | | | | | | | |
| | | | | | | | | | | | |
| | | | | | | | | | | | |
| | | | | | | | | | | | |
| | | | | | | | | | | | |
| | | | | | | | | | | | |
| | | | | | | | | | | | |
| | | | | | | | | | | | |
| | | | | | | | | | | | |
| | | | | | | | | | | | |
| | | | | | | | | | | | |
| | | | | | | | | | | | |
| | | | | | | | | | | | |
| | | | | | | | | | | | |
| | | | | | | | | | | | |
| | | | | | | | | | | | |
| | | | | | | | | | | | |
| | | | | | | | | | | | |
| | | | | | | | | | | | |
| | | | | | | | | | | | |
| | | | | | | | | | | | |
| | | | | | | | | | | | |
| | | | | | | | | | | | |
| | | | | | | | | | | | |
| | | | | | | | | | | | |
| | DEPARTAMENTO DE EXTENSION† | | | | | | | | | | |
| | TOTALES HOY | | | | | | | | | | |
| | TOTAL AÑO PASADO | | | | | | | | | | |

DATOS PARA INFORME ANUAL

ALMAS SALVADAS _____

ASISTENCIA AL CULTO DE PREDICACION _____%

\* CONTINUACION: LA INFORMACION SERA COMPLETADA EL PROXIMO DOMINGO EXCEPTO LA COLUMNA DE ASIGNATURA.

† CUENTE LA ASISTENCIA DE EXTENSION SOLO SI ESTAN PRESENTES.

# INFORMES SEMANALES

CONDICIONES DE TIEMPO:

FECHA:        OCASION:

| MATRICULAS | CLASE O DEPARTAMENTO | MIEMBROS PRESENTES | VISITANTES | ASISTENCIA TOTAL | | ASISTENCIA TOTAL AL CULTO | CANTIDAD DE OFRENDAS | | CONTINUACION* | | | | |
|---|---|---|---|---|---|---|---|---|---|---|---|---|---|
| | | | | | | | | | ASIGNATURA | VISITAS | LLAMADAS TELEFONICAS | CARTAS O TARJETAS | TOTAL DE CONTACTOS |
| | OFICIALES | | | | | | | | | | | | |
| | | | | | | | | | | | | | |
| | | | | | | | | | | | | | |
| | | | | | | | | | | | | | |
| | | | | | | | | | | | | | |
| | | | | | | | | | | | | | |
| | | | | | | | | | | | | | |
| | | | | | | | | | | | | | |
| | | | | | | | | | | | | | |
| | | | | | | | | | | | | | |
| | | | | | | | | | | | | | |
| | | | | | | | | | | | | | |
| | | | | | | | | | | | | | |
| | | | | | | | | | | | | | |
| | | | | | | | | | | | | | |
| | | | | | | | | | | | | | |
| | | | | | | | | | | | | | |
| | | | | | | | | | | | | | |
| | | | | | | | | | | | | | |
| | | | | | | | | | | | | | |
| | | | | | | | | | | | | | |
| | | | | | | | | | | | | | |
| | | | | | | | | | | | | | |
| | | | | | | | | | | | | | |
| | | | | | | | | | | | | | |
| | | | | | | | | | | | | | |
| | | | | | | | | | | | | | |
| | DEPARTAMENTO DE EXTENSION† | | | | | | | | | | | | |
| | TOTALES HOY | | | | | | | | | | | | |
| | TOTAL AÑO PASADO | | | | | | | | | | | | |

* CONTINUACION: LA INFORMACION SERA COMPLETADA EL PROXIMO DOMINGO EXCEPTO LA COLUMNA DE ASIGNATURA.

† CUENTE LA ASISTENCIA DE EXTENSION SOLO SI ESTAN PRESENTES.

**DATOS PARA INFORME ANUAL**

ALMAS SALVADAS ____

ASISTENCIA AL CULTO DE PREDICACION ____%

# INFORMES SEMANALES

FECHA:     OCASION:

| MATRICULAS | CLASE O DEPARTAMENTO | MIEMBROS PRESENTES | VISITANTES | ASISTENCIA TOTAL | ASISTENCIA TOTAL AL CULTO | CANTIDAD DE OFRENDAS | | CONTINUACION* | | | | |
|---|---|---|---|---|---|---|---|---|---|---|---|---|
| | | | | | | | | ASIGNATURA | VISITAS | LLAMADAS TELEFONICAS | CARTAS O TARJETAS | TOTAL DE CONTACTOS |
| | OFICIALES | | | | | | | | | | | |
| | | | | | | | | | | | | |
| | | | | | | | | | | | | |
| | | | | | | | | | | | | |
| | | | | | | | | | | | | |
| | | | | | | | | | | | | |
| | | | | | | | | | | | | |
| | | | | | | | | | | | | |
| | | | | | | | | | | | | |
| | | | | | | | | | | | | |
| | | | | | | | | | | | | |
| | | | | | | | | | | | | |
| | | | | | | | | | | | | |
| | | | | | | | | | | | | |
| | | | | | | | | | | | | |
| | | | | | | | | | | | | |
| | | | | | | | | | | | | |
| | | | | | | | | | | | | |
| | | | | | | | | | | | | |
| | | | | | | | | | | | | |
| | | | | | | | | | | | | |
| | | | | | | | | | | | | |
| | | | | | | | | | | | | |
| | | | | | | | | | | | | |
| | | | | | | | | | | | | |
| | | | | | | | | | | | | |
| | | | | | | | | | | | | |
| | DEPARTAMENTO DE EXTENSION† | | | | | | | | | | | |
| | TOTALES HOY | | | | | | | | | | | |
| | TOTAL AÑO PASADO | | | | | | | | | | | |

**DATOS PARA INFORME ANUAL**

ALMAS SALVADAS ____

ASISTENCIA AL CULTO DE PREDICACION ____%

* CONTINUACION: LA INFORMACION SERA COMPLETADA EL PROXIMO DOMINGO EXCEPTO LA COLUMNA DE ASIGNATURA.

† CUENTE LA ASISTENCIA DE EXTENSION SOLO SI ESTAN PRESENTES.

# INFORMES SEMANALES

**CONDICIONES DE TIEMPO:**

FECHA:     OCASION:

| MATRICULAS | CLASE O DEPARTAMENTO | MIEMBROS PRESENTES | VISITANTES | ASISTENCIA TOTAL | | ASISTENCIA TOTAL AL CULTO | | CANTIDAD DE OFRENDAS | | CONTINUACION* | | | | |
|---|---|---|---|---|---|---|---|---|---|---|---|---|---|---|
| | | | | | | | | | | ASIGNATURA | VISITAS | LLAMADAS TELEFONICAS | CARTAS O TARJETAS | TOTAL DE CONTACTOS |
| | OFICIALES | | | | | | | | | | | | | |
| | | | | | | | | | | | | | | |
| | | | | | | | | | | | | | | |
| | | | | | | | | | | | | | | |
| | | | | | | | | | | | | | | |
| | | | | | | | | | | | | | | |
| | | | | | | | | | | | | | | |
| | | | | | | | | | | | | | | |
| | | | | | | | | | | | | | | |
| | | | | | | | | | | | | | | |
| | | | | | | | | | | | | | | |
| | | | | | | | | | | | | | | |
| | | | | | | | | | | | | | | |
| | | | | | | | | | | | | | | |
| | | | | | | | | | | | | | | |
| | | | | | | | | | | | | | | |
| | | | | | | | | | | | | | | |
| | | | | | | | | | | | | | | |
| | | | | | | | | | | | | | | |
| | | | | | | | | | | | | | | |
| | | | | | | | | | | | | | | |
| | | | | | | | | | | | | | | |
| | | | | | | | | | | | | | | |
| | | | | | | | | | | | | | | |
| | | | | | | | | | | | | | | |
| | | | | | | | | | | | | | | |
| | DEPARTAMENTO DE EXTENSION† | | | | | | | | | | | | | |
| | TOTALES HOY | | | | | | | | | | | | | |
| | TOTAL AÑO PASADO | | | | | | | | | | | | | |

**DATOS PARA INFORME ANUAL**

* CONTINUACION: LA INFORMACION SERA COMPLETADA EL PROXIMO DOMINGO EXCEPTO LA COLUMNA DE ASIGNATURA.

† CUENTE LA ASISTENCIA DE EXTENSION SOLO SI ESTAN PRESENTES.

ALMAS SALVADAS ____

ASISTENCIA AL CULTO DE PREDICACION ____%

14

# RESUMENES MENSUALES

PROMEDIOS Y TOTALES PARA EL MES DE ........................................ DE ........

| PROMEDIO DE MATRICULA | CLASE O DEPARTAMENTO | PROMEDIO MIEMBROS PRES. | PROMEDIO VISITANTES | PROMEDIO ASISTENCIA | PROMEDIO ASISTENCIA AL CULTO | PROMEDIO DE OFRENDA | CONTINUACION | | | | |
|---|---|---|---|---|---|---|---|---|---|---|---|
| | | | | | | | TOTAL ASIGN. | TOTAL VISITAS | TOTAL LLAMADAS TEL. | TOTAL CARTAS Y TARJ. | TOTAL CONTACTOS |
| | OFICIALES | | | | | | | | | | |
| | | | | | | | | | | | |
| | | | | | | | | | | | |
| | | | | | | | | | | | |
| | | | | | | | | | | | |
| | | | | | | | | | | | |
| | | | | | | | | | | | |
| | | | | | | | | | | | |
| | | | | | | | | | | | |
| | | | | | | | | | | | |
| | | | | | | | | | | | |
| | | | | | | | | | | | |
| | | | | | | | | | | | |
| | | | | | | | | | | | |
| | | | | | | | | | | | |
| | | | | | | | | | | | |
| | | | | | | | | | | | |
| | | | | | | | | | | | |
| | | | | | | | | | | | |
| | | | | | | | | | | | |
| | | | | | | | | | | | |
| | | | | | | | | | | | |
| | | | | | | | | | | | |
| | | | | | | | | | | | |
| | | | | | | | | | | | |
| | | | | | | | | | | | |
| | | | | | | | | | | | |
| | | | | | | | | | | | |
| | | | | | | | | | | | |
| | | | | | | | | | | | |
| | | | | | | | | | | | |
| | | | | | | | | | | | |
| | DEPARTAMENTO DE EXTENSION | | | | | | | | | | |
| | TOTALES | | | | | | | | | | |

RESUMENES

NUMERO PRESENTE EN LA CONFERENCIA DE OBREROS [ ]

TOTAL DE ALMAS SALVADAS ESTE MES _____
PROMEDIO DE ASISTENCIA AL CULTO _____%

# INFORMES SEMANALES

CONDICIONES DE TIEMPO:

FECHA:          OCASION:

| MATRICULAS | CLASE O DEPARTAMENTO | MIEMBROS PRESENTES | VISITANTES | ASISTENCIA TOTAL | ASISTENCIA TOTAL AL CULTO | CANTIDAD DE OFRENDAS | CONTINUACION* | | | | |
|---|---|---|---|---|---|---|---|---|---|---|---|
| | | | | | | | ASIGNATURA | VISITAS | LLAMADAS TELEFONICAS | CARTAS O TARJETAS | TOTAL DE CONTACTOS |
| | OFICIALES | | | | | | | | | | |
| | | | | | | | | | | | |
| | | | | | | | | | | | |
| | | | | | | | | | | | |
| | | | | | | | | | | | |
| | | | | | | | | | | | |
| | | | | | | | | | | | |
| | | | | | | | | | | | |
| | | | | | | | | | | | |
| | | | | | | | | | | | |
| | | | | | | | | | | | |
| | | | | | | | | | | | |
| | | | | | | | | | | | |
| | | | | | | | | | | | |
| | | | | | | | | | | | |
| | | | | | | | | | | | |
| | | | | | | | | | | | |
| | | | | | | | | | | | |
| | | | | | | | | | | | |
| | | | | | | | | | | | |
| | | | | | | | | | | | |
| | | | | | | | | | | | |
| | | | | | | | | | | | |
| | | | | | | | | | | | |
| | | | | | | | | | | | |
| | | | | | | | | | | | |
| | | | | | | | | | | | |
| | | | | | | | | | | | |
| | | | | | | | | | | | |
| | DEPARTAMENTO DE EXTENSION† | | | | | | | | | | |
| | TOTALES HOY | | | | | | | | | | |
| | TOTAL AÑO PASADO | | | | | | | DATOS PARA INFORME ANUAL | | | | |

\* CONTINUACION: LA INFORMACION SERA COMPLETADA EL PROXIMO DOMINGO EXCEPTO LA COLUMNA DE ASIGNATURA.

† CUENTE LA ASISTENCIA DE EXTENSION SOLO SI ESTAN PRESENTES.

DATOS PARA INFORME ANUAL

ALMAS SALVADAS ____

ASISTENCIA AL CULTO DE PREDICACION ____%

16

# INFORMES SEMANALES

FECHA:      OCASION:

| MATRICULAS | CLASE O DEPARTAMENTO | MIEMBROS PRESENTES | VISITANTES | ASISTENCIA TOTAL | ASISTENCIA TOTAL AL CULTO | CANTIDAD DE OFRENDAS | CONTINUACION* | | | | |
|---|---|---|---|---|---|---|---|---|---|---|---|
| | | | | | | | ASIGNATURA | VISITAS | LLAMADAS TELEFONICAS | CARTAS O TARJETAS | TOTAL DE CONTACTOS |
| | OFICIALES | | | | | | | | | | |
| | | | | | | | | | | | |
| | | | | | | | | | | | |
| | | | | | | | | | | | |
| | | | | | | | | | | | |
| | | | | | | | | | | | |
| | | | | | | | | | | | |
| | | | | | | | | | | | |
| | | | | | | | | | | | |
| | | | | | | | | | | | |
| | | | | | | | | | | | |
| | | | | | | | | | | | |
| | | | | | | | | | | | |
| | | | | | | | | | | | |
| | | | | | | | | | | | |
| | | | | | | | | | | | |
| | | | | | | | | | | | |
| | | | | | | | | | | | |
| | | | | | | | | | | | |
| | | | | | | | | | | | |
| | | | | | | | | | | | |
| | | | | | | | | | | | |
| | | | | | | | | | | | |
| | | | | | | | | | | | |
| | DEPARTAMENTO DE EXTENSION† | | | | | | | | | | |
| | TOTALES HOY | | | | | | | | | | |
| | TOTAL AÑO PASADO | | | | | | | | | | |

* CONTINUACION: LA INFORMACION SERA COMPLETADA EL PROXIMO DOMINGO EXCEPTO LA COLUMNA DE ASIGNATURA.

† CUENTE LA ASISTENCIA DE EXTENSION SOLO SI ESTAN PRESENTES.

**DATOS PARA INFORME ANUAL**

ALMAS SALVADAS ____

ASISTENCIA AL CULTO DE PREDICACION ____%

# INFORMES SEMANALES

**CONDICIONES DE TIEMPO:**

FECHA:     OCASION:

| MATRICULAS | CLASE O DEPARTAMENTO | MIEMBROS PRESENTES | VISITANTES | ASISTENCIA TOTAL | ASISTENCIA TOTAL AL CULTO | CANTIDAD DE OFRENDAS | CONTINUACION* | | | | | |
|---|---|---|---|---|---|---|---|---|---|---|---|---|
| | | | | | | | ASIGNATURA | VISITAS | LLAMADAS TELEFONICAS | CARTAS O TARJETAS | TOTAL DE CONTACTOS | |
| | OFICIALES | | | | | | | | | | | |
| | | | | | | | | | | | | |
| | | | | | | | | | | | | |
| | | | | | | | | | | | | |
| | | | | | | | | | | | | |
| | | | | | | | | | | | | |
| | | | | | | | | | | | | |
| | | | | | | | | | | | | |
| | | | | | | | | | | | | |
| | | | | | | | | | | | | |
| | | | | | | | | | | | | |
| | | | | | | | | | | | | |
| | | | | | | | | | | | | |
| | | | | | | | | | | | | |
| | | | | | | | | | | | | |
| | | | | | | | | | | | | |
| | | | | | | | | | | | | |
| | | | | | | | | | | | | |
| | | | | | | | | | | | | |
| | | | | | | | | | | | | |
| | | | | | | | | | | | | |
| | | | | | | | | | | | | |
| | | | | | | | | | | | | |
| | | | | | | | | | | | | |
| | | | | | | | | | | | | |
| | | | | | | | | | | | | |
| | | | | | | | | | | | | |
| | | | | | | | | | | | | |
| | | | | | | | | | | | | |
| | | | | | | | | | | | | |
| | | | | | | | | | | | | |
| | DEPARTAMENTO DE EXTENSION† | | | | | | | | | | | |
| | TOTALES HOY | | | | | | | | | | | |
| | TOTAL AÑO PASADO | | | | | | | | | | | |

\* CONTINUACION: LA INFORMACION SERA COMPLETADA EL PROXIMO DOMINGO EXCEPTO LA COLUMNA DE ASIGNATURA.

† CUENTE LA ASISTENCIA DE EXTENSION SOLO SI ESTAN PRESENTES.

**DATOS PARA INFORME ANUAL**

ALMAS SALVADAS _____

ASISTENCIA AL CULTO DE PREDICACION _____%

18

# INFORMES SEMANALES

CONDICIONES DE TIEMPO:

FECHA:     OCASION:

| MATRICULAS | CLASE O DEPARTAMENTO | MIEMBROS PRESENTES | VISITANTES | ASISTENCIA TOTAL | ASISTENCIA TOTAL AL CULTO | CANTIDAD DE OFRENDAS | CONTINUACION* | | | | |
|---|---|---|---|---|---|---|---|---|---|---|---|
| | | | | | | | ASIGNATURA | VISITAS | LLAMADAS TELEFONICAS | CARTAS O TARJETAS | TOTAL DE CONTACTOS |
| | OFICIALES | | | | | | | | | | |
| | | | | | | | | | | | |
| | | | | | | | | | | | |
| | | | | | | | | | | | |
| | | | | | | | | | | | |
| | | | | | | | | | | | |
| | | | | | | | | | | | |
| | | | | | | | | | | | |
| | | | | | | | | | | | |
| | | | | | | | | | | | |
| | | | | | | | | | | | |
| | | | | | | | | | | | |
| | | | | | | | | | | | |
| | | | | | | | | | | | |
| | | | | | | | | | | | |
| | | | | | | | | | | | |
| | | | | | | | | | | | |
| | | | | | | | | | | | |
| | | | | | | | | | | | |
| | | | | | | | | | | | |
| | | | | | | | | | | | |
| | | | | | | | | | | | |
| | | | | | | | | | | | |
| | | | | | | | | | | | |
| | | | | | | | | | | | |
| | | | | | | | | | | | |
| | DEPARTAMENTO DE EXTENSION† | | | | | | | | | | |
| | TOTALES HOY | | | | | | | | | | |
| | TOTAL AÑO PASADO | | | | | | | | | | |

* CONTINUACION: LA INFORMACION SERA COMPLETADA EL PROXIMO DOMINGO EXCEPTO LA COLUMNA DE ASIGNATURA.

† CUENTE LA ASISTENCIA DE EXTENSION SOLO SI ESTAN PRESENTES.

**DATOS PARA INFORME ANUAL**

ALMAS SALVADAS ____

ASISTENCIA AL CULTO DE PREDICACION ____%

INFORMES SEMANALES

# INFORMES SEMANALES

**CONDICIONES DE TIEMPO:**

FECHA:     OCASION:

| MATRICULAS | CLASE O DEPARTAMENTO | MIEMBROS PRESENTES | VISITANTES | ASISTENCIA TOTAL | ASISTENCIA TOTAL AL CULTO | CANTIDAD DE OFRENDAS | CONTINUACION* | | | | |
|---|---|---|---|---|---|---|---|---|---|---|---|
| | | | | | | | ASIGNATURA | VISITAS | LLAMADAS TELEFONICAS | CARTAS O TARJETAS | TOTAL DE CONTACTOS |
| | OFICIALES | | | | | | | | | | |
| | | | | | | | | | | | |
| | | | | | | | | | | | |
| | | | | | | | | | | | |
| | | | | | | | | | | | |
| | | | | | | | | | | | |
| | | | | | | | | | | | |
| | | | | | | | | | | | |
| | | | | | | | | | | | |
| | | | | | | | | | | | |
| | | | | | | | | | | | |
| | | | | | | | | | | | |
| | | | | | | | | | | | |
| | | | | | | | | | | | |
| | | | | | | | | | | | |
| | | | | | | | | | | | |
| | | | | | | | | | | | |
| | | | | | | | | | | | |
| | | | | | | | | | | | |
| | | | | | | | | | | | |
| | | | | | | | | | | | |
| | | | | | | | | | | | |
| | | | | | | | | | | | |
| | | | | | | | | | | | |
| | | | | | | | | | | | |
| | | | | | | | | | | | |
| | | | | | | | | | | | |
| | | | | | | | | | | | |
| | DEPARTAMENTO DE EXTENSION† | | | | | | | | | | |
| | TOTALES HOY | | | | | | | | | | |
| | TOTAL AÑO PASADO | | | | | | | | | | |

**DATOS PARA INFORME ANUAL**

\* CONTINUACION: LA INFORMACION SERA COMPLETADA EL PROXIMO DOMINGO EXCEPTO LA COLUMNA DE ASIGNATURA.

† CUENTE LA ASISTENCIA DE EXTENSION SOLO SI ESTAN PRESENTES.

ALMAS SALVADAS ____

ASISTENCIA AL CULTO DE PREDICACION ____%

# RESUMENES MENSUALES

PROMEDIOS Y TOTALES PARA EL MES DE ........................................................... DE ..........

| PROMEDIO DE MATRICULA | CLASE O DEPARTAMENTO | PROMEDIO MIEMBROS PRES. | PROMEDIO VISITANTES | PROMEDIO ASISTENCIA | PROMEDIO ASISTENCIA AL CULTO | PROMEDIO DE OFRENDA | CONTINUACION | | | | |
|---|---|---|---|---|---|---|---|---|---|---|---|
| | | | | | | | TOTAL ASIGN. | TOTAL VISITAS | TOTAL LLAMADAS TEL. | TOTAL CARTAS Y TARJ. | TOTAL CONTACTOS |
| | OFICIALES | | | | | | | | | | |
| | | | | | | | | | | | |
| | | | | | | | | | | | |
| | | | | | | | | | | | |
| | | | | | | | | | | | |
| | | | | | | | | | | | |
| | | | | | | | | | | | |
| | | | | | | | | | | | |
| | | | | | | | | | | | |
| | | | | | | | | | | | |
| | | | | | | | | | | | |
| | | | | | | | | | | | |
| | | | | | | | | | | | |
| | | | | | | | | | | | |
| | | | | | | | | | | | |
| | | | | | | | | | | | |
| | | | | | | | | | | | |
| | | | | | | | | | | | |
| | | | | | | | | | | | |
| | | | | | | | | | | | |
| | | | | | | | | | | | |
| | | | | | | | | | | | |
| | | | | | | | | | | | |
| | | | | | | | | | | | |
| | | | | | | | | | | | |
| | | | | | | | | | | | |
| | | | | | | | | | | | |
| | | | | | | | | | | | |
| | | | | | | | | | | | |
| | | | | | | | | | | | |
| | DEPARTAMENTO DE EXTENSION | | | | | | | | | | |
| | TOTALES | | | | | | | | | | |

NUMERO PRESENTE EN LA CONFERENCIA DE OBREROS ☐

TOTAL DE ALMAS SALVADAS ESTE MES _____

PROMEDIO DE ASISTENCIA AL CULTO _____ %

# INFORMES SEMANALES

CONDICIONES DE TIEMPO:

FECHA:          OCASION:

| MATRICULAS | CLASE O DEPARTAMENTO | MIEMBROS PRESENTES | VISITANTES | ASISTENCIA TOTAL | ASISTENCIA TOTAL AL CULTO | CANTIDAD DE OFRENDAS | CONTINUACION* | | | | |
|---|---|---|---|---|---|---|---|---|---|---|---|
| | | | | | | | ASIGNATURA | VISITAS | LLAMADAS TELEFONICAS | CARTAS O TARJETAS | TOTAL DE CONTACTOS |
| | OFICIALES | | | | | | | | | | |
| | | | | | | | | | | | |
| | | | | | | | | | | | |
| | | | | | | | | | | | |
| | | | | | | | | | | | |
| | | | | | | | | | | | |
| | | | | | | | | | | | |
| | | | | | | | | | | | |
| | | | | | | | | | | | |
| | | | | | | | | | | | |
| | | | | | | | | | | | |
| | | | | | | | | | | | |
| | | | | | | | | | | | |
| | | | | | | | | | | | |
| | | | | | | | | | | | |
| | | | | | | | | | | | |
| | | | | | | | | | | | |
| | | | | | | | | | | | |
| | | | | | | | | | | | |
| | | | | | | | | | | | |
| | | | | | | | | | | | |
| | | | | | | | | | | | |
| | | | | | | | | | | | |
| | | | | | | | | | | | |
| | | | | | | | | | | | |
| | | | | | | | | | | | |
| | | | | | | | | | | | |
| | | | | | | | | | | | |
| | | | | | | | | | | | |
| | DEPARTAMENTO DE EXTENSION† | | | | | | | | | | |
| | TOTALES HOY | | | | | | | | | | |
| | TOTAL AÑO PASADO | | | | | | | | | | |

DATOS PARA INFORME ANUAL

ALMAS SALVADAS _____

ASISTENCIA AL CULTO DE PREDICACION _____ %

* CONTINUACION: LA INFORMACION SERA COMPLETADA EL PROXIMO DOMINGO EXCEPTO LA COLUMNA DE ASIGNATURA.

† CUENTE LA ASISTENCIA DE EXTENSION SOLO SI ESTAN PRESENTES.

# INFORMES SEMANALES

CONDICIONES DE TIEMPO:

FECHA:      OCASION:

| MATRICULAS | CLASE O DEPARTAMENTO | MIEMBROS PRESENTES | VISITANTES | ASISTENCIA TOTAL | ASISTENCIA TOTAL AL CULTO | CANTIDAD DE OFRENDAS | CONTINUACION* | | | | |
|---|---|---|---|---|---|---|---|---|---|---|---|
| | | | | | | | ASIGNATURA | VISITAS | LLAMADAS TELEFONICAS | CARTAS O TARJETAS | TOTAL DE CONTACTOS |
| | OFICIALES | | | | | | | | | | |
| | | | | | | | | | | | |
| | | | | | | | | | | | |
| | | | | | | | | | | | |
| | | | | | | | | | | | |
| | | | | | | | | | | | |
| | | | | | | | | | | | |
| | | | | | | | | | | | |
| | | | | | | | | | | | |
| | | | | | | | | | | | |
| | | | | | | | | | | | |
| | | | | | | | | | | | |
| | | | | | | | | | | | |
| | | | | | | | | | | | |
| | | | | | | | | | | | |
| | | | | | | | | | | | |
| | | | | | | | | | | | |
| | | | | | | | | | | | |
| | | | | | | | | | | | |
| | | | | | | | | | | | |
| | | | | | | | | | | | |
| | | | | | | | | | | | |
| | | | | | | | | | | | |
| | | | | | | | | | | | |
| | | | | | | | | | | | |
| | | | | | | | | | | | |
| | | | | | | | | | | | |
| | | | | | | | | | | | |
| | | | | | | | | | | | |
| | DEPARTAMENTO DE EXTENSION† | | | | | | | | | | |
| | TOTALES HOY | | | | | | | | | | |
| | TOTAL AÑO PASADO | | | | | | | | | | |

**INFORMES SEMANALES**

* CONTINUACION: LA INFORMACION SERA COMPLETADA EL PROXIMO DOMINGO EXCEPTO LA COLUMNA DE ASIGNATURA.

† CUENTE LA ASISTENCIA DE EXTENSION SOLO SI ESTAN PRESENTES.

DATOS PARA INFORME ANUAL

ALMAS SALVADAS _____

ASISTENCIA AL CULTO DE PREDICACION_____%

# INFORMES SEMANALES

FECHA:     OCASION:     CONDICIONES DE TIEMPO:

| MATRICULAS | CLASE O DEPARTAMENTO | MIEMBROS PRESENTES | VISITANTES | ASISTENCIA TOTAL | ASISTENCIA TOTAL AL CULTO | CANTIDAD DE OFRENDAS | CONTINUACION* | | | | |
|---|---|---|---|---|---|---|---|---|---|---|---|
| | | | | | | | ASIGNATURA | VISITAS | LLAMADAS TELEFONICAS | CARTAS O TARJETAS | TOTAL DE CONTACTOS |
| | OFICIALES | | | | | | | | | | |
| | | | | | | | | | | | |
| | | | | | | | | | | | |
| | | | | | | | | | | | |
| | | | | | | | | | | | |
| | | | | | | | | | | | |
| | | | | | | | | | | | |
| | | | | | | | | | | | |
| | | | | | | | | | | | |
| | | | | | | | | | | | |
| | | | | | | | | | | | |
| | | | | | | | | | | | |
| | | | | | | | | | | | |
| | | | | | | | | | | | |
| | | | | | | | | | | | |
| | | | | | | | | | | | |
| | | | | | | | | | | | |
| | | | | | | | | | | | |
| | | | | | | | | | | | |
| | | | | | | | | | | | |
| | | | | | | | | | | | |
| | | | | | | | | | | | |
| | | | | | | | | | | | |
| | | | | | | | | | | | |
| | | | | | | | | | | | |
| | | | | | | | | | | | |
| | | | | | | | | | | | |
| | | | | | | | | | | | |
| | | | | | | | | | | | |
| | DEPARTAMENTO DE EXTENSION† | | | | | | | | | | |
| | TOTALES HOY | | | | | | | | | | |
| | TOTAL AÑO PASADO | | | | | | | | | | |

* CONTINUACION: LA INFORMACION SERA COMPLETADA EL PROXIMO DOMINGO EXCEPTO LA COLUMNA DE ASIGNATURA.

† CUENTE LA ASISTENCIA DE EXTENSION SOLO SI ESTAN PRESENTES.

DATOS PARA INFORME ANUAL

ALMAS SALVADAS ____

ASISTENCIA AL CULTO DE PREDICACION ____%

# INFORMES SEMANALES

CONDICIONES DE TIEMPO:

FECHA: _____  OCASION: _____

| MATRICULAS | CLASE O DEPARTAMENTO | MIEMBROS PRESENTES | VISITANTES | ASISTENCIA TOTAL | ASISTENCIA TOTAL AL CULTO | CANTIDAD DE OFRENDAS | CONTINUACION* | | | | |
|---|---|---|---|---|---|---|---|---|---|---|---|
| | | | | | | | ASIGNATURA | VISITAS | LLAMADAS TELEFONICAS | CARTAS O TARJETAS | TOTAL DE CONTACTOS |
| | OFICIALES | | | | | | | | | | |
| | | | | | | | | | | | |
| | | | | | | | | | | | |
| | | | | | | | | | | | |
| | | | | | | | | | | | |
| | | | | | | | | | | | |
| | | | | | | | | | | | |
| | | | | | | | | | | | |
| | | | | | | | | | | | |
| | | | | | | | | | | | |
| | | | | | | | | | | | |
| | | | | | | | | | | | |
| | | | | | | | | | | | |
| | | | | | | | | | | | |
| | | | | | | | | | | | |
| | | | | | | | | | | | |
| | | | | | | | | | | | |
| | | | | | | | | | | | |
| | | | | | | | | | | | |
| | | | | | | | | | | | |
| | | | | | | | | | | | |
| | | | | | | | | | | | |
| | | | | | | | | | | | |
| | | | | | | | | | | | |
| | | | | | | | | | | | |
| | | | | | | | | | | | |
| | | | | | | | | | | | |
| | | | | | | | | | | | |
| | DEPARTAMENTO DE EXTENSION † | | | | | | | | | | |
| | TOTALES HOY | | | | | | | | | | |
| | TOTAL AÑO PASADO | | | | | | | | | | |

DATOS PARA INFORME ANUAL

* CONTINUACION: LA INFORMACION SERA COMPLETADA EL PROXIMO DOMINGO EXCEPTO LA COLUMNA DE ASIGNATURA.

† CUENTE LA ASISTENCIA DE EXTENSION SOLO SI ESTAN PRESENTES.

ALMAS SALVADAS _____
ASISTENCIA AL CULTO
DE PREDICACION ____%

INFORMES SEMANALES

# INFORMES SEMANALES

**CONDICIONES DE TIEMPO:**

FECHA:      OCASION:

| MATRICULAS | CLASE O DEPARTAMENTO | MIEMBROS PRESENTES | VISITANTES | ASISTENCIA TOTAL | | ASISTENCIA TOTAL AL CULTO | CANTIDAD DE OFRENDAS | | CONTINUACION* | | | | |
|---|---|---|---|---|---|---|---|---|---|---|---|---|---|
| | | | | | | | | | ASIGNATURA | VISITAS | LLAMADAS TELEFONICAS | CARTAS O TARJETAS | TOTAL DE CONTACTOS |
| | OFICIALES | | | | | | | | | | | | |
| | | | | | | | | | | | | | |
| | | | | | | | | | | | | | |
| | | | | | | | | | | | | | |
| | | | | | | | | | | | | | |
| | | | | | | | | | | | | | |
| | | | | | | | | | | | | | |
| | | | | | | | | | | | | | |
| | | | | | | | | | | | | | |
| | | | | | | | | | | | | | |
| | | | | | | | | | | | | | |
| | | | | | | | | | | | | | |
| | | | | | | | | | | | | | |
| | | | | | | | | | | | | | |
| | | | | | | | | | | | | | |
| | | | | | | | | | | | | | |
| | | | | | | | | | | | | | |
| | | | | | | | | | | | | | |
| | | | | | | | | | | | | | |
| | | | | | | | | | | | | | |
| | | | | | | | | | | | | | |
| | | | | | | | | | | | | | |
| | | | | | | | | | | | | | |
| | | | | | | | | | | | | | |
| | | | | | | | | | | | | | |
| | | | | | | | | | | | | | |
| | DEPARTAMENTO DE EXTENSION† | | | | | | | | | | | | |
| | TOTALES HOY | | | | | | | | | | | | |
| | TOTAL AÑO PASADO | | | | | | | | | | | | |

* CONTINUACION: LA INFORMACION SERA COMPLETADA EL PROXIMO DOMINGO EXCEPTO LA COLUMNA DE ASIGNATURA.

† CUENTE LA ASISTENCIA DE EXTENSION SOLO SI ESTAN PRESENTES.

**DATOS PARA INFORME ANUAL**

ALMAS SALVADAS ____

ASISTENCIA AL CULTO DE PREDICACION ____%

26

# RESUMENES MENSUALES

PROMEDIOS Y TOTALES PARA EL MES DE ............................................ DE ..........

| PROMEDIO DE MATRICULA | CLASE O DEPARTAMENTO | PROMEDIO MIEMBROS PRES. | PROMEDIO VISITANTES | PROMEDIO ASISTENCIA | PROMEDIO ASISTENCIA AL CULTO | PROMEDIO DE OFRENDA | | CONTINUACION | | | | |
|---|---|---|---|---|---|---|---|---|---|---|---|---|
| | | | | | | | | TOTAL ASIGN. | TOTAL VISITAS | TOTAL LLAMADAS TEL. | TOTAL CARTAS Y TARJ. | TOTAL CONTACTOS |
| | OFICIALES | | | | | | | | | | | |
| | | | | | | | | | | | | |
| | | | | | | | | | | | | |
| | | | | | | | | | | | | |
| | | | | | | | | | | | | |
| | | | | | | | | | | | | |
| | | | | | | | | | | | | |
| | | | | | | | | | | | | |
| | | | | | | | | | | | | |
| | | | | | | | | | | | | |
| | | | | | | | | | | | | |
| | | | | | | | | | | | | |
| | | | | | | | | | | | | |
| | | | | | | | | | | | | |
| | | | | | | | | | | | | |
| | | | | | | | | | | | | |
| | | | | | | | | | | | | |
| | | | | | | | | | | | | |
| | | | | | | | | | | | | |
| | | | | | | | | | | | | |
| | | | | | | | | | | | | |
| | | | | | | | | | | | | |
| | | | | | | | | | | | | |
| | | | | | | | | | | | | |
| | | | | | | | | | | | | |
| | | | | | | | | | | | | |
| | | | | | | | | | | | | |
| | DEPARTAMENTO DE EXTENSION | | | | | | | | | | | |
| | TOTALES | | | | | | | | | | | |

NUMERO PRESENTE EN LA CONFERENCIA DE OBREROS [ ]

TOTAL DE ALMAS SALVADAS ESTE MES _____
PROMEDIO DE ASISTENCIA AL CULTO _____ %

# INFORMES SEMANALES

CONDICIONES DE TIEMPO:

FECHA:      OCASION:

| MATRICULAS | CLASE O DEPARTAMENTO | MIEMBROS PRESENTES | VISITANTES | ASISTENCIA TOTAL | ASISTENCIA TOTAL AL CULTO | CANTIDAD DE OFRENDAS | CONTINUACION* | | | | |
|---|---|---|---|---|---|---|---|---|---|---|---|
| | | | | | | | ASIGNATURA | VISITAS | LLAMADAS TELEFONICAS | CARTAS O TARJETAS | TOTAL DE CONTACTOS |
| | OFICIALES | | | | | | | | | | |
| | | | | | | | | | | | |
| | | | | | | | | | | | |
| | | | | | | | | | | | |
| | | | | | | | | | | | |
| | | | | | | | | | | | |
| | | | | | | | | | | | |
| | | | | | | | | | | | |
| | | | | | | | | | | | |
| | | | | | | | | | | | |
| | | | | | | | | | | | |
| | | | | | | | | | | | |
| | | | | | | | | | | | |
| | | | | | | | | | | | |
| | | | | | | | | | | | |
| | | | | | | | | | | | |
| | | | | | | | | | | | |
| | | | | | | | | | | | |
| | | | | | | | | | | | |
| | | | | | | | | | | | |
| | | | | | | | | | | | |
| | | | | | | | | | | | |
| | | | | | | | | | | | |
| | | | | | | | | | | | |
| | | | | | | | | | | | |
| | | | | | | | | | | | |
| | DEPARTAMENTO DE EXTENSION† | | | | | | | | | | |
| | TOTALES HOY | | | | | | | | | | |
| | TOTAL AÑO PASADO | | | | | | | DATOS PARA INFORME ANUAL | | | | |

\* CONTINUACION: LA INFORMACION SERA COMPLETADA EL PROXIMO DOMINGO EXCEPTO LA COLUMNA DE ASIGNATURA.

† CUENTE LA ASISTENCIA DE EXTENSION SOLO SI ESTAN PRESENTES.

DATOS PARA INFORME ANUAL

ALMAS SALVADAS ____

ASISTENCIA AL CULTO DE PREDICACION ____%

# INFORMES SEMANALES

CONDICIONES DE TIEMPO:

FECHA: _____  OCASION: _____

| MATRICULAS | CLASE O DEPARTAMENTO | MIEMBROS PRESENTES | VISITANTES | ASISTENCIA TOTAL | ASISTENCIA TOTAL AL CULTO | CANTIDAD DE OFRENDAS | CONTINUACION* | | | | |
|---|---|---|---|---|---|---|---|---|---|---|---|
| | | | | | | | ASIGNATURA | VISITAS | LLAMADAS TELEFONICAS | CARTAS O TARJETAS | TOTAL DE CONTACTOS |
| | OFICIALES | | | | | | | | | | |
| | | | | | | | | | | | |
| | | | | | | | | | | | |
| | | | | | | | | | | | |
| | | | | | | | | | | | |
| | | | | | | | | | | | |
| | | | | | | | | | | | |
| | | | | | | | | | | | |
| | | | | | | | | | | | |
| | | | | | | | | | | | |
| | | | | | | | | | | | |
| | | | | | | | | | | | |
| | | | | | | | | | | | |
| | | | | | | | | | | | |
| | | | | | | | | | | | |
| | | | | | | | | | | | |
| | | | | | | | | | | | |
| | | | | | | | | | | | |
| | | | | | | | | | | | |
| | | | | | | | | | | | |
| | | | | | | | | | | | |
| | | | | | | | | | | | |
| | | | | | | | | | | | |
| | | | | | | | | | | | |
| | | | | | | | | | | | |
| | | | | | | | | | | | |
| | DEPARTAMENTO DE EXTENSION† | | | | | | | | | | |
| | TOTALES HOY | | | | | | | | | | |
| | TOTAL AÑO PASADO | | | | | | | | | | |

DATOS PARA INFORME ANUAL

ALMAS SALVADAS _____
ASISTENCIA AL CULTO
DE PREDICACION _____%

* CONTINUACION: LA INFORMACION SERA COMPLETADA EL PROXIMO DOMINGO EXCEPTO LA COLUMNA DE ASIGNATURA.

† CUENTE LA ASISTENCIA DE EXTENSION SOLO SI ESTAN PRESENTES.

INFORMES SEMANALES

29

# INFORMES SEMANALES

CONDICIONES DE TIEMPO:

FECHA:      OCASION:

| MATRICULAS | CLASE O DEPARTAMENTO | MIEMBROS PRESENTES | VISITANTES | ASISTENCIA TOTAL | ASISTENCIA TOTAL AL CULTO | CANTIDAD DE OFRENDAS | CONTINUACION* | | | | |
|---|---|---|---|---|---|---|---|---|---|---|---|
| | | | | | | | ASIGNATURA | VISITAS | LLAMADAS TELEFONICAS | CARTAS O TARJETAS | TOTAL DE CONTACTOS |
| | OFICIALES | | | | | | | | | | |
| | | | | | | | | | | | |
| | | | | | | | | | | | |
| | | | | | | | | | | | |
| | | | | | | | | | | | |
| | | | | | | | | | | | |
| | | | | | | | | | | | |
| | | | | | | | | | | | |
| | | | | | | | | | | | |
| | | | | | | | | | | | |
| | | | | | | | | | | | |
| | | | | | | | | | | | |
| | | | | | | | | | | | |
| | | | | | | | | | | | |
| | | | | | | | | | | | |
| | | | | | | | | | | | |
| | | | | | | | | | | | |
| | | | | | | | | | | | |
| | | | | | | | | | | | |
| | | | | | | | | | | | |
| | | | | | | | | | | | |
| | | | | | | | | | | | |
| | | | | | | | | | | | |
| | | | | | | | | | | | |
| | | | | | | | | | | | |
| | | | | | | | | | | | |
| | | | | | | | | | | | |
| | | | | | | | | | | | |
| | | | | | | | | | | | |
| | DEPARTAMENTO DE EXTENSION† | | | | | | | | | | |
| | TOTALES HOY | | | | | | | | | | |
| | TOTAL AÑO PASADO | | | | | | | | | | |

\* CONTINUACION: LA INFORMACION SERA COMPLETADA EL PROXIMO DOMINGO EXCEPTO LA COLUMNA DE ASIGNATURA.

† CUENTE LA ASISTENCIA DE EXTENSION SOLO SI ESTAN PRESENTES.

**DATOS PARA INFORME ANUAL**

ALMAS SALVADAS \_\_\_\_

ASISTENCIA AL CULTO DE PREDICACION\_\_\_\_%

# INFORMES SEMANALES

CONDICIONES DE TIEMPO:

FECHA: _____  OCASION: _____

| MATRICULAS | CLASE O DEPARTAMENTO | MIEMBROS PRESENTES | VISITANTES | ASISTENCIA TOTAL | ASISTENCIA TOTAL AL CULTO | CANTIDAD DE OFRENDAS | CONTINUACION* | | | | |
|---|---|---|---|---|---|---|---|---|---|---|---|
| | | | | | | | ASIGNATURA | VISITAS | LLAMADAS TELEFONICAS | CARTAS O TARJETAS | TOTAL DE CONTACTOS |
| | OFICIALES | | | | | | | | | | |
| | | | | | | | | | | | |
| | | | | | | | | | | | |
| | | | | | | | | | | | |
| | | | | | | | | | | | |
| | | | | | | | | | | | |
| | | | | | | | | | | | |
| | | | | | | | | | | | |
| | | | | | | | | | | | |
| | | | | | | | | | | | |
| | | | | | | | | | | | |
| | | | | | | | | | | | |
| | | | | | | | | | | | |
| | | | | | | | | | | | |
| | | | | | | | | | | | |
| | | | | | | | | | | | |
| | | | | | | | | | | | |
| | | | | | | | | | | | |
| | | | | | | | | | | | |
| | | | | | | | | | | | |
| | | | | | | | | | | | |
| | | | | | | | | | | | |
| | | | | | | | | | | | |
| | | | | | | | | | | | |
| | | | | | | | | | | | |
| | | | | | | | | | | | |
| | | | | | | | | | | | |
| | DEPARTAMENTO DE EXTENSION† | | | | | | | | | | |
| | TOTALES HOY | | | | | | | | | | |
| | TOTAL AÑO PASADO | | | | | | | | | | |

* CONTINUACION: LA INFORMACION SERA COMPLETADA EL PROXIMO DOMINGO EXCEPTO LA COLUMNA DE ASIGNATURA.

† CUENTE LA ASISTENCIA DE EXTENSION SOLO SI ESTAN PRESENTES.

DATOS PARA INFORME ANUAL

ALMAS SALVADAS ___

ASISTENCIA AL CULTO DE PREDICACION ___%

# INFORMES SEMANALES

CONDICIONES DE TIEMPO:

FECHA:     OCASION:

| MATRICULAS | CLASE O DEPARTAMENTO | MIEMBROS PRESENTES | VISITANTES | ASISTENCIA TOTAL | | ASISTENCIA TOTAL AL CULTO | CANTIDAD DE OFRENDAS | | ASIGNATURA | VISITAS | LLAMADAS TELEFONICAS | CARTAS O TARJETAS | TOTAL DE CONTACTOS |
|---|---|---|---|---|---|---|---|---|---|---|---|---|---|
| | | | | | | | | CONTINUACION* | | | | | |
| | OFICIALES | | | | | | | | | | | | |
| | | | | | | | | | | | | | |
| | | | | | | | | | | | | | |
| | | | | | | | | | | | | | |
| | | | | | | | | | | | | | |
| | | | | | | | | | | | | | |
| | | | | | | | | | | | | | |
| | | | | | | | | | | | | | |
| | | | | | | | | | | | | | |
| | | | | | | | | | | | | | |
| | | | | | | | | | | | | | |
| | | | | | | | | | | | | | |
| | | | | | | | | | | | | | |
| | | | | | | | | | | | | | |
| | | | | | | | | | | | | | |
| | | | | | | | | | | | | | |
| | | | | | | | | | | | | | |
| | | | | | | | | | | | | | |
| | | | | | | | | | | | | | |
| | | | | | | | | | | | | | |
| | | | | | | | | | | | | | |
| | | | | | | | | | | | | | |
| | | | | | | | | | | | | | |
| | | | | | | | | | | | | | |
| | | | | | | | | | | | | | |
| | | | | | | | | | | | | | |
| | | | | | | | | | | | | | |
| | | | | | | | | | | | | | |
| | | | | | | | | | | | | | |
| | DEPARTAMENTO DE EXTENSION† | | | | | | | | | | | | |
| | TOTALES HOY | | | | | | | | | | | | |
| | TOTAL AÑO PASADO | | | | | | | | | | | | |

DATOS PARA INFORME ANUAL

ALMAS SALVADAS ____

ASISTENCIA AL CULTO DE PREDICACION ____%

* CONTINUACION: LA INFORMACION SERA COMPLETADA EL PROXIMO DOMINGO EXCEPTO LA COLUMNA DE ASIGNATURA.

† CUENTE LA ASISTENCIA DE EXTENSION SOLO SI ESTAN PRESENTES.

32

# RESUMENES MENSUALES

PROMEDIOS Y TOTALES PARA EL MES DE ........................................ DE ........

| PROMEDIO DE MATRICULA | CLASE O DEPARTAMENTO | PROMEDIO MIEMBROS PRES. | PROMEDIO VISITANTES | PROMEDIO ASISTENCIA | PROMEDIO ASISTENCIA AL CULTO | PROMEDIO DE OFRENDA | CONTINUACION | | | | |
|---|---|---|---|---|---|---|---|---|---|---|---|
| | | | | | | | TOTAL ASIGN. | TOTAL VISITAS | TOTAL LLAMADAS TEL. | TOTAL CARTAS Y TARJ. | TOTAL CONTACTOS |
| | OFICIALES | | | | | | | | | | |
| | | | | | | | | | | | |
| | | | | | | | | | | | |
| | | | | | | | | | | | |
| | | | | | | | | | | | |
| | | | | | | | | | | | |
| | | | | | | | | | | | |
| | | | | | | | | | | | |
| | | | | | | | | | | | |
| | | | | | | | | | | | |
| | | | | | | | | | | | |
| | | | | | | | | | | | |
| | | | | | | | | | | | |
| | | | | | | | | | | | |
| | | | | | | | | | | | |
| | | | | | | | | | | | |
| | | | | | | | | | | | |
| | | | | | | | | | | | |
| | | | | | | | | | | | |
| | | | | | | | | | | | |
| | | | | | | | | | | | |
| | | | | | | | | | | | |
| | | | | | | | | | | | |
| | | | | | | | | | | | |
| | | | | | | | | | | | |
| | | | | | | | | | | | |
| | | | | | | | | | | | |
| | | | | | | | | | | | |
| | DEPARTAMENTO DE EXTENSION | | | | | | | | | | |
| | TOTALES | | | | | | | | | | |

NUMERO PRESENTE EN LA CONFERENCIA DE OBREROS ☐

TOTAL DE ALMAS SALVADAS ESTE MES _____

PROMEDIO DE ASISTENCIA AL CULTO _____ %

# INFORMES SEMANALES

CONDICIONES DE TIEMPO:

FECHA:      OCASION:

| MATRICULAS | CLASE O DEPARTAMENTO | MIEMBROS PRESENTES | VISITANTES | ASISTENCIA TOTAL | ASISTENCIA TOTAL AL CULTO | CANTIDAD DE OFRENDAS | CONTINUACION* | | | | |
|---|---|---|---|---|---|---|---|---|---|---|---|
| | | | | | | | ASIGNATURA | VISITAS | LLAMADAS TELEFONICAS | CARTAS O TARJETAS | TOTAL DE CONTACTOS |
| | OFICIALES | | | | | | | | | | |
| | | | | | | | | | | | |
| | | | | | | | | | | | |
| | | | | | | | | | | | |
| | | | | | | | | | | | |
| | | | | | | | | | | | |
| | | | | | | | | | | | |
| | | | | | | | | | | | |
| | | | | | | | | | | | |
| | | | | | | | | | | | |
| | | | | | | | | | | | |
| | | | | | | | | | | | |
| | | | | | | | | | | | |
| | | | | | | | | | | | |
| | | | | | | | | | | | |
| | | | | | | | | | | | |
| | | | | | | | | | | | |
| | | | | | | | | | | | |
| | | | | | | | | | | | |
| | | | | | | | | | | | |
| | | | | | | | | | | | |
| | | | | | | | | | | | |
| | | | | | | | | | | | |
| | | | | | | | | | | | |
| | | | | | | | | | | | |
| | | | | | | | | | | | |
| | | | | | | | | | | | |
| | | | | | | | | | | | |
| | DEPARTAMENTO DE EXTENSION † | | | | | | | | | | |
| | TOTALES HOY | | | | | | | | | | |
| | TOTAL AÑO PASADO | | | | | | | | | | |

\* CONTINUACION: LA INFORMACION SERA COMPLETADA EL PROXIMO DOMINGO EXCEPTO LA COLUMNA DE ASIGNATURA.

† CUENTE LA ASISTENCIA DE EXTENSION SOLO SI ESTAN PRESENTES.

DATOS PARA INFORME ANUAL

ALMAS SALVADAS ____

ASISTENCIA AL CULTO DE PREDICACION ____%

# INFORMES SEMANALES

CONDICIONES DE TIEMPO:

FECHA:      OCASION:

| MATRICULAS | CLASE O DEPARTAMENTO | MIEMBROS PRESENTES | VISITANTES | ASISTENCIA TOTAL | | ASISTENCIA TOTAL AL CULTO | CANTIDAD DE OFRENDAS | CONTINUACION* | | | | |
|---|---|---|---|---|---|---|---|---|---|---|---|---|
| | | | | | | | | ASIGNATURA | VISITAS | LLAMADAS TELEFONICAS | CARTAS O TARJETAS | TOTAL DE CONTACTOS |
| | OFICIALES | | | | | | | | | | | |
| | | | | | | | | | | | | |
| | | | | | | | | | | | | |
| | | | | | | | | | | | | |
| | | | | | | | | | | | | |
| | | | | | | | | | | | | |
| | | | | | | | | | | | | |
| | | | | | | | | | | | | |
| | | | | | | | | | | | | |
| | | | | | | | | | | | | |
| | | | | | | | | | | | | |
| | | | | | | | | | | | | |
| | | | | | | | | | | | | |
| | | | | | | | | | | | | |
| | | | | | | | | | | | | |
| | | | | | | | | | | | | |
| | | | | | | | | | | | | |
| | | | | | | | | | | | | |
| | | | | | | | | | | | | |
| | | | | | | | | | | | | |
| | | | | | | | | | | | | |
| | | | | | | | | | | | | |
| | | | | | | | | | | | | |
| | | | | | | | | | | | | |
| | | | | | | | | | | | | |
| | | | | | | | | | | | | |
| | | | | | | | | | | | | |
| | | | | | | | | | | | | |
| | DEPARTAMENTO DE EXTENSION † | | | | | | | | | | | |
| | TOTALES HOY | | | | | | | | | | | |
| | TOTAL AÑO PASADO | | | | | | | | | | | |

DATOS PARA INFORME ANUAL

* CONTINUACION: LA INFORMACION SERA COMPLETADA EL PROXIMO DOMINGO EXCEPTO LA COLUMNA DE ASIGNATURA.

† CUENTE LA ASISTENCIA DE EXTENSION SOLO SI ESTAN PRESENTES.

ALMAS SALVADAS _____

ASISTENCIA AL CULTO DE PREDICACION _____%

# INFORMES SEMANALES

FECHA:     OCASION:     CONDICIONES DE TIEMPO:

| MATRICULAS | CLASE O DEPARTAMENTO | MIEMBROS PRESENTES | VISITANTES | ASISTENCIA TOTAL | ASISTENCIA TOTAL AL CULTO | CANTIDAD DE OFRENDAS | CONTINUACION* | | | | |
|---|---|---|---|---|---|---|---|---|---|---|---|
| | | | | | | | ASIGNATURA | VISITAS | LLAMADAS TELEFONICAS | CARTAS O TARJETAS | TOTAL DE CONTACTOS |
| | OFICIALES | | | | | | | | | | |
| | | | | | | | | | | | |
| | | | | | | | | | | | |
| | | | | | | | | | | | |
| | | | | | | | | | | | |
| | | | | | | | | | | | |
| | | | | | | | | | | | |
| | | | | | | | | | | | |
| | | | | | | | | | | | |
| | | | | | | | | | | | |
| | | | | | | | | | | | |
| | | | | | | | | | | | |
| | | | | | | | | | | | |
| | | | | | | | | | | | |
| | | | | | | | | | | | |
| | | | | | | | | | | | |
| | | | | | | | | | | | |
| | | | | | | | | | | | |
| | | | | | | | | | | | |
| | | | | | | | | | | | |
| | | | | | | | | | | | |
| | | | | | | | | | | | |
| | | | | | | | | | | | |
| | | | | | | | | | | | |
| | | | | | | | | | | | |
| | | | | | | | | | | | |
| | DEPARTAMENTO DE EXTENSION † | | | | | | | | | | |
| | TOTALES HOY | | | | | | | | | | |
| | TOTAL AÑO PASADO | | | | | | | | | | |

\* CONTINUACION: LA INFORMACION SERA COMPLETADA EL PROXIMO DOMINGO EXCEPTO LA COLUMNA DE ASIGNATURA.

† CUENTE LA ASISTENCIA DE EXTENSION SOLO SI ESTAN PRESENTES.

DATOS PARA INFORME ANUAL

ALMAS SALVADAS _____

ASISTENCIA AL CULTO DE PREDICACION_____%

36

# INFORMES SEMANALES

CONDICIONES
DE TIEMPO:

FECHA:      OCASION:

| MATRICULAS | CLASE O DEPARTAMENTO | MIEMBROS PRESENTES | VISITANTES | ASISTENCIA TOTAL | | ASISTENCIA TOTAL AL CULTO | CANTIDAD DE OFRENDAS | | CONTINUACION* | | | | |
|---|---|---|---|---|---|---|---|---|---|---|---|---|---|
| | | | | | | | | | ASIGNATURA | VISITAS | LLAMADAS TELEFONICAS | CARTAS O TARJETAS | TOTAL DE CONTACTOS |
| | OFICIALES | | | | | | | | | | | | |
| | | | | | | | | | | | | | |
| | | | | | | | | | | | | | |
| | | | | | | | | | | | | | |
| | | | | | | | | | | | | | |
| | | | | | | | | | | | | | |
| | | | | | | | | | | | | | |
| | | | | | | | | | | | | | |
| | | | | | | | | | | | | | |
| | | | | | | | | | | | | | |
| | | | | | | | | | | | | | |
| | | | | | | | | | | | | | |
| | | | | | | | | | | | | | |
| | | | | | | | | | | | | | |
| | | | | | | | | | | | | | |
| | | | | | | | | | | | | | |
| | | | | | | | | | | | | | |
| | | | | | | | | | | | | | |
| | | | | | | | | | | | | | |
| | | | | | | | | | | | | | |
| | | | | | | | | | | | | | |
| | | | | | | | | | | | | | |
| | | | | | | | | | | | | | |
| | | | | | | | | | | | | | |
| | | | | | | | | | | | | | |
| | | | | | | | | | | | | | |
| | | | | | | | | | | | | | |
| | | | | | | | | | | | | | |
| | DEPARTAMENTO DE EXTENSION† | | | | | | | | | | | | |
| | TOTALES HOY | | | | | | | | | | | | |
| | TOTAL AÑO PASADO | | | | | | | | | DATOS PARA INFORME ANUAL | | | | |

* CONTINUACION: LA INFORMACION SERA COMPLETADA EL PROXIMO DOMINGO EXCEPTO LA COLUMNA DE ASIGNATURA.

† CUENTE LA ASISTENCIA DE EXTENSION SOLO SI ESTAN PRESENTES.

ALMAS SALVADAS _____
ASISTENCIA AL CULTO
DE PREDICACION_____%

INFORMES SEMANALES

37

# INFORMES SEMANALES

CONDICIONES DE TIEMPO:

FECHA:     OCASION:

| MATRICULAS | CLASE O DEPARTAMENTO | MIEMBROS PRESENTES | VISITANTES | ASISTENCIA TOTAL | | ASISTENCIA TOTAL AL CULTO | CANTIDAD DE OFRENDAS | | CONTINUACION* | | | | |
|---|---|---|---|---|---|---|---|---|---|---|---|---|---|
| | | | | | | | | | ASIGNATURA | VISITAS | LLAMADAS TELEFONICAS | CARTAS O TARJETAS | TOTAL DE CONTACTOS |
| | OFICIALES | | | | | | | | | | | | |
| | | | | | | | | | | | | | |
| | | | | | | | | | | | | | |
| | | | | | | | | | | | | | |
| | | | | | | | | | | | | | |
| | | | | | | | | | | | | | |
| | | | | | | | | | | | | | |
| | | | | | | | | | | | | | |
| | | | | | | | | | | | | | |
| | | | | | | | | | | | | | |
| | | | | | | | | | | | | | |
| | | | | | | | | | | | | | |
| | | | | | | | | | | | | | |
| | | | | | | | | | | | | | |
| | | | | | | | | | | | | | |
| | | | | | | | | | | | | | |
| | | | | | | | | | | | | | |
| | | | | | | | | | | | | | |
| | | | | | | | | | | | | | |
| | | | | | | | | | | | | | |
| | | | | | | | | | | | | | |
| | | | | | | | | | | | | | |
| | | | | | | | | | | | | | |
| | | | | | | | | | | | | | |
| | | | | | | | | | | | | | |
| | | | | | | | | | | | | | |
| | | | | | | | | | | | | | |
| | DEPARTAMENTO DE EXTENSION† | | | | | | | | | | | | |
| | TOTALES HOY | | | | | | | | | | | | |
| | TOTAL AÑO PASADO | | | | | | | | | | | | |

**DATOS PARA INFORME ANUAL**

ALMAS SALVADAS ____

ASISTENCIA AL CULTO DE PREDICACION ____%

* CONTINUACION: LA INFORMACION SERA COMPLETADA EL PROXIMO DOMINGO EXCEPTO LA COLUMNA DE ASIGNATURA.

† CUENTE LA ASISTENCIA DE EXTENSION SOLO SI ESTAN PRESENTES.

# RESUMENES MENSUALES

PROMEDIOS Y TOTALES PARA EL MES DE _____ DE _____

| PROMEDIO DE MATRICULA | CLASE O DEPARTAMENTO | PROMEDIO MIEMBROS PRES. | PROMEDIO VISITANTES | PROMEDIO ASISTENCIA | PROMEDIO ASISTENCIA AL CULTO | PROMEDIO DE OFRENDA | CONTINUACION | | | | |
|---|---|---|---|---|---|---|---|---|---|---|---|
| | | | | | | | TOTAL ASIGN. | TOTAL VISITAS | TOTAL LLAMADAS TEL. | TOTAL CARTAS Y TARJ. | TOTAL CONTACTOS |
| | OFICIALES | | | | | | | | | | |
| | | | | | | | | | | | |
| | | | | | | | | | | | |
| | | | | | | | | | | | |
| | | | | | | | | | | | |
| | | | | | | | | | | | |
| | | | | | | | | | | | |
| | | | | | | | | | | | |
| | | | | | | | | | | | |
| | | | | | | | | | | | |
| | | | | | | | | | | | |
| | | | | | | | | | | | |
| | | | | | | | | | | | |
| | | | | | | | | | | | |
| | | | | | | | | | | | |
| | | | | | | | | | | | |
| | | | | | | | | | | | |
| | | | | | | | | | | | |
| | | | | | | | | | | | |
| | | | | | | | | | | | |
| | | | | | | | | | | | |
| | | | | | | | | | | | |
| | | | | | | | | | | | |
| | | | | | | | | | | | |
| | | | | | | | | | | | |
| | | | | | | | | | | | |
| | | | | | | | | | | | |
| | | | | | | | | | | | |
| | | | | | | | | | | | |
| | | | | | | | | | | | |
| | DEPARTAMENTO DE EXTENSION | | | | | | | | | | |
| | TOTALES | | | | | | | | | | |

NUMERO PRESENTE EN LA CONFERENCIA DE OBREROS ☐

TOTAL DE ALMAS SALVADAS ESTE MES _____

PROMEDIO DE ASISTENCIA AL CULTO _____%

# INFORMES SEMANALES

**CONDICIONES DE TIEMPO:**

FECHA:     OCASION:

| MATRICULAS | CLASE O DEPARTAMENTO | MIEMBROS PRESENTES | VISITANTES | ASISTENCIA TOTAL | | ASISTENCIA TOTAL AL CULTO | | CANTIDAD DE OFRENDAS | | CONTINUACION* | | | | |
|---|---|---|---|---|---|---|---|---|---|---|---|---|---|---|
| | | | | | | | | | | ASIGNATURA | VISITAS | LLAMADAS TELEFONICAS | CARTAS O TARJETAS | TOTAL DE CONTACTOS |
| | OFICIALES | | | | | | | | | | | | | |
| | | | | | | | | | | | | | | |
| | | | | | | | | | | | | | | |
| | | | | | | | | | | | | | | |
| | | | | | | | | | | | | | | |
| | | | | | | | | | | | | | | |
| | | | | | | | | | | | | | | |
| | | | | | | | | | | | | | | |
| | | | | | | | | | | | | | | |
| | | | | | | | | | | | | | | |
| | | | | | | | | | | | | | | |
| | | | | | | | | | | | | | | |
| | | | | | | | | | | | | | | |
| | | | | | | | | | | | | | | |
| | | | | | | | | | | | | | | |
| | | | | | | | | | | | | | | |
| | | | | | | | | | | | | | | |
| | | | | | | | | | | | | | | |
| | | | | | | | | | | | | | | |
| | | | | | | | | | | | | | | |
| | | | | | | | | | | | | | | |
| | | | | | | | | | | | | | | |
| | | | | | | | | | | | | | | |
| | | | | | | | | | | | | | | |
| | | | | | | | | | | | | | | |
| | | | | | | | | | | | | | | |
| | DEPARTAMENTO DE EXTENSION† | | | | | | | | | | | | | |
| | TOTALES HOY | | | | | | | | | | | | | |
| | TOTAL AÑO PASADO | | | | | | | | | | | | | |

* CONTINUACION: LA INFORMACION SERA COMPLETADA EL PROXIMO DOMINGO EXCEPTO LA COLUMNA DE ASIGNATURA.

† CUENTE LA ASISTENCIA DE EXTENSION SOLO SI ESTAN PRESENTES.

**DATOS PARA INFORME ANUAL**

ALMAS SALVADAS _____

ASISTENCIA AL CULTO DE PREDICACION _____%

# INFORMES SEMANALES

CONDICIONES DE TIEMPO:

FECHA:     OCASION:

| MATRICULAS | CLASE O DEPARTAMENTO | MIEMBROS PRESENTES | VISITANTES | ASISTENCIA TOTAL | ASISTENCIA TOTAL AL CULTO | CANTIDAD DE OFRENDAS | CONTINUACION* | | | | |
|---|---|---|---|---|---|---|---|---|---|---|---|
| | | | | | | | ASIGNATURA | VISITAS | LLAMADAS TELEFONICAS | CARTAS O TARJETAS | TOTAL DE CONTACTOS |
| | OFICIALES | | | | | | | | | | |
| | | | | | | | | | | | |
| | | | | | | | | | | | |
| | | | | | | | | | | | |
| | | | | | | | | | | | |
| | | | | | | | | | | | |
| | | | | | | | | | | | |
| | | | | | | | | | | | |
| | | | | | | | | | | | |
| | | | | | | | | | | | |
| | | | | | | | | | | | |
| | | | | | | | | | | | |
| | | | | | | | | | | | |
| | | | | | | | | | | | |
| | | | | | | | | | | | |
| | | | | | | | | | | | |
| | | | | | | | | | | | |
| | | | | | | | | | | | |
| | | | | | | | | | | | |
| | | | | | | | | | | | |
| | | | | | | | | | | | |
| | | | | | | | | | | | |
| | | | | | | | | | | | |
| | | | | | | | | | | | |
| | | | | | | | | | | | |
| | | | | | | | | | | | |
| | | | | | | | | | | | |
| | DEPARTAMENTO DE EXTENSION† | | | | | | | | | | |
| | TOTALES HOY | | | | | | | | | | |
| | TOTAL AÑO PASADO | | | | | | | | | | |

DATOS PARA INFORME ANUAL

ALMAS SALVADAS ____

ASISTENCIA AL CULTO DE PREDICACION ____%

\* CONTINUACION: LA INFORMACION SERA COMPLETADA EL PROXIMO DOMINGO EXCEPTO LA COLUMNA DE ASIGNATURA.

† CUENTE LA ASISTENCIA DE EXTENSION SOLO SI ESTAN PRESENTES.

# INFORMES SEMANALES

**CONDICIONES DE TIEMPO:**

FECHA:      OCASION:

| MATRICULAS | CLASE O DEPARTAMENTO | MIEMBROS PRESENTES | VISITANTES | ASISTENCIA TOTAL | ASISTENCIA TOTAL AL CULTO | CANTIDAD DE OFRENDAS | CONTINUACION* ASIGNATURA | VISITAS | LLAMADAS TELEFONICAS | CARTAS O TARJETAS | TOTAL DE CONTACTOS |
|---|---|---|---|---|---|---|---|---|---|---|---|
| | OFICIALES | | | | | | | | | | |
| | | | | | | | | | | | |
| | | | | | | | | | | | |
| | | | | | | | | | | | |
| | | | | | | | | | | | |
| | | | | | | | | | | | |
| | | | | | | | | | | | |
| | | | | | | | | | | | |
| | | | | | | | | | | | |
| | | | | | | | | | | | |
| | | | | | | | | | | | |
| | | | | | | | | | | | |
| | | | | | | | | | | | |
| | | | | | | | | | | | |
| | | | | | | | | | | | |
| | | | | | | | | | | | |
| | | | | | | | | | | | |
| | | | | | | | | | | | |
| | | | | | | | | | | | |
| | | | | | | | | | | | |
| | | | | | | | | | | | |
| | | | | | | | | | | | |
| | | | | | | | | | | | |
| | | | | | | | | | | | |
| | | | | | | | | | | | |
| | | | | | | | | | | | |
| | | | | | | | | | | | |
| | | | | | | | | | | | |
| | | | | | | | | | | | |
| | | | | | | | | | | | |
| | DEPARTAMENTO DE EXTENSION† | | | | | | | | | | |
| | TOTALES HOY | | | | | | | | | | |
| | TOTAL AÑO PASADO | | | | | | | | | | |

* CONTINUACION: LA INFORMACION SERA COMPLETADA EL PROXIMO DOMINGO EXCEPTO LA COLUMNA DE ASIGNATURA.

† CUENTE LA ASISTENCIA DE EXTENSION SOLO SI ESTAN PRESENTES.

**DATOS PARA INFORME ANUAL**

ALMAS SALVADAS _____

ASISTENCIA AL CULTO DE PREDICACION_____%

# INFORMES SEMANALES

CONDICIONES DE TIEMPO:

FECHA:      OCASION:

| MATRICULAS | CLASE O DEPARTAMENTO | MIEMBROS PRESENTES | VISITANTES | ASISTENCIA TOTAL | ASISTENCIA TOTAL AL CULTO | CANTIDAD DE OFRENDAS | CONTINUACION* | | | | |
|---|---|---|---|---|---|---|---|---|---|---|---|
| | | | | | | | ASIGNATURA | VISITAS | LLAMADAS TELEFONICAS | CARTAS O TARJETAS | TOTAL DE CONTACTOS |
| | OFICIALES | | | | | | | | | | |
| | | | | | | | | | | | |
| | | | | | | | | | | | |
| | | | | | | | | | | | |
| | | | | | | | | | | | |
| | | | | | | | | | | | |
| | | | | | | | | | | | |
| | | | | | | | | | | | |
| | | | | | | | | | | | |
| | | | | | | | | | | | |
| | | | | | | | | | | | |
| | | | | | | | | | | | |
| | | | | | | | | | | | |
| | | | | | | | | | | | |
| | | | | | | | | | | | |
| | | | | | | | | | | | |
| | | | | | | | | | | | |
| | | | | | | | | | | | |
| | | | | | | | | | | | |
| | | | | | | | | | | | |
| | | | | | | | | | | | |
| | | | | | | | | | | | |
| | | | | | | | | | | | |
| | | | | | | | | | | | |
| | | | | | | | | | | | |
| | | | | | | | | | | | |
| | | | | | | | | | | | |
| | DEPARTAMENTO DE EXTENSION† | | | | | | | | | | |
| | TOTALES HOY | | | | | | | | | | |
| | TOTAL AÑO PASADO | | | | | | | | | | |

DATOS PARA INFORME ANUAL

ALMAS SALVADAS _____

ASISTENCIA AL CULTO DE PREDICACION _____%

* CONTINUACION: LA INFORMACION SERA COMPLETADA EL PROXIMO DOMINGO EXCEPTO LA COLUMNA DE ASIGNATURA.

† CUENTE LA ASISTENCIA DE EXTENSION SOLO SI ESTAN PRESENTES.

# INFORMES SEMANALES

FECHA: OCASION: CONDICIONES DE TIEMPO:

| MATRICULAS | CLASE O DEPARTAMENTO | MIEMBROS PRESENTES | VISITANTES | ASISTENCIA TOTAL | | ASISTENCIA TOTAL AL CULTO | CANTIDAD DE OFRENDAS | | CONTINUACION* | | | | |
|---|---|---|---|---|---|---|---|---|---|---|---|---|---|
| | | | | | | | | | ASIGNATURA | VISITAS | LLAMADAS TELEFONICAS | CARTAS O TARJETAS | TOTAL DE CONTACTOS |
| | OFICIALES | | | | | | | | | | | | |
| | | | | | | | | | | | | | |
| | | | | | | | | | | | | | |
| | | | | | | | | | | | | | |
| | | | | | | | | | | | | | |
| | | | | | | | | | | | | | |
| | | | | | | | | | | | | | |
| | | | | | | | | | | | | | |
| | | | | | | | | | | | | | |
| | | | | | | | | | | | | | |
| | | | | | | | | | | | | | |
| | | | | | | | | | | | | | |
| | | | | | | | | | | | | | |
| | | | | | | | | | | | | | |
| | | | | | | | | | | | | | |
| | | | | | | | | | | | | | |
| | | | | | | | | | | | | | |
| | | | | | | | | | | | | | |
| | | | | | | | | | | | | | |
| | | | | | | | | | | | | | |
| | | | | | | | | | | | | | |
| | | | | | | | | | | | | | |
| | | | | | | | | | | | | | |
| | | | | | | | | | | | | | |
| | | | | | | | | | | | | | |
| | | | | | | | | | | | | | |
| | | | | | | | | | | | | | |
| | DEPARTAMENTO DE EXTENSION† | | | | | | | | | | | | |
| | TOTALES HOY | | | | | | | | | | | | |
| | TOTAL AÑO PASADO | | | | | | | | DATOS PARA INFORME ANUAL | | | | |

* CONTINUACION: LA INFORMACION SERA COMPLETADA EL PROXIMO DOMINGO EXCEPTO LA COLUMNA DE ASIGNATURA.

† CUENTE LA ASISTENCIA DE EXTENSION SOLO SI ESTAN PRESENTES.

ALMAS SALVADAS ____

ASISTENCIA AL CULTO DE PREDICACION ____%

# RESUMENES MENSUALES

PROMEDIOS Y TOTALES PARA EL MES DE............................................DE ..........

| PROMEDIO DE MATRICULA | CLASE O DEPARTAMENTO | PROMEDIO MIEMBROS PRES. | PROMEDIO VISITANTES | PROMEDIO ASISTENCIA | PROMEDIO ASISTENCIA AL CULTO | PROMEDIO DE OFRENDA | CONTINUACION | | | | |
|---|---|---|---|---|---|---|---|---|---|---|---|
| | | | | | | | TOTAL ASIGN. | TOTAL VISITAS | TOTAL LLAMADAS TEL. | TOTAL CARTAS Y TARJ. | TOTAL CONTACTOS |
| | OFICIALES | | | | | | | | | | |
| | | | | | | | | | | | |
| | | | | | | | | | | | |
| | | | | | | | | | | | |
| | | | | | | | | | | | |
| | | | | | | | | | | | |
| | | | | | | | | | | | |
| | | | | | | | | | | | |
| | | | | | | | | | | | |
| | | | | | | | | | | | |
| | | | | | | | | | | | |
| | | | | | | | | | | | |
| | | | | | | | | | | | |
| | | | | | | | | | | | |
| | | | | | | | | | | | |
| | | | | | | | | | | | |
| | | | | | | | | | | | |
| | | | | | | | | | | | |
| | | | | | | | | | | | |
| | | | | | | | | | | | |
| | | | | | | | | | | | |
| | | | | | | | | | | | |
| | | | | | | | | | | | |
| | | | | | | | | | | | |
| | | | | | | | | | | | |
| | | | | | | | | | | | |
| | | | | | | | | | | | |
| | | | | | | | | | | | |
| | | | | | | | | | | | |
| | DEPARTAMENTO DE EXTENSION | | | | | | | | | | |
| | TOTALES | | | | | | | | | | |

| NUMERO PRESENTE EN LA CONFERENCIA DE OBREROS [ ] | TOTAL DE ALMAS SALVADAS ESTE MES_____ |
|---|---|
| | PROMEDIO DE ASISTENCIA AL CULTO_____% |

# INFORMES SEMANALES

CONDICIONES DE TIEMPO:

FECHA:      OCASION:

| MATRICULAS | CLASE O DEPARTAMENTO | MIEMBROS PRESENTES | VISITANTES | ASISTENCIA TOTAL | ASISTENCIA TOTAL AL CULTO | CANTIDAD DE OFRENDAS | CONTINUACION* | | | | |
|---|---|---|---|---|---|---|---|---|---|---|---|
| | | | | | | | ASIGNATURA | VISITAS | LLAMADAS TELEFONICAS | CARTAS O TARJETAS | TOTAL DE CONTACTOS |
| | OFICIALES | | | | | | | | | | |
| | | | | | | | | | | | |
| | | | | | | | | | | | |
| | | | | | | | | | | | |
| | | | | | | | | | | | |
| | | | | | | | | | | | |
| | | | | | | | | | | | |
| | | | | | | | | | | | |
| | | | | | | | | | | | |
| | | | | | | | | | | | |
| | | | | | | | | | | | |
| | | | | | | | | | | | |
| | | | | | | | | | | | |
| | | | | | | | | | | | |
| | | | | | | | | | | | |
| | | | | | | | | | | | |
| | | | | | | | | | | | |
| | | | | | | | | | | | |
| | | | | | | | | | | | |
| | | | | | | | | | | | |
| | | | | | | | | | | | |
| | | | | | | | | | | | |
| | | | | | | | | | | | |
| | | | | | | | | | | | |
| | | | | | | | | | | | |
| | | | | | | | | | | | |
| | | | | | | | | | | | |
| | | | | | | | | | | | |
| | | | | | | | | | | | |
| | DEPARTAMENTO DE EXTENSION† | | | | | | | | | | |
| | TOTALES HOY | | | | | | | | | | |
| | TOTAL AÑO PASADO | | | | | | | | | | |

**DATOS PARA INFORME ANUAL**

ALMAS SALVADAS _____

ASISTENCIA AL CULTO DE PREDICACION _____ %

\* CONTINUACION: LA INFORMACION SERA COMPLETADA EL PROXIMO DOMINGO EXCEPTO LA COLUMNA DE ASIGNATURA.

† CUENTE LA ASISTENCIA DE EXTENSION SOLO SI ESTAN PRESENTES.

# INFORMES SEMANALES

CONDICIONES DE TIEMPO:

FECHA:      OCASION:

| MATRICULAS | CLASE O DEPARTAMENTO | MIEMBROS PRESENTES | VISITANTES | ASISTENCIA TOTAL | ASISTENCIA TOTAL AL CULTO | CANTIDAD DE OFRENDAS | CONTINUACION* ASIGNATURA | VISITAS | LLAMADAS TELEFONICAS | CARTAS O TARJETAS | TOTAL DE CONTACTOS |
|---|---|---|---|---|---|---|---|---|---|---|---|
| | OFICIALES | | | | | | | | | | |
| | | | | | | | | | | | |
| | | | | | | | | | | | |
| | | | | | | | | | | | |
| | | | | | | | | | | | |
| | | | | | | | | | | | |
| | | | | | | | | | | | |
| | | | | | | | | | | | |
| | | | | | | | | | | | |
| | | | | | | | | | | | |
| | | | | | | | | | | | |
| | | | | | | | | | | | |
| | | | | | | | | | | | |
| | | | | | | | | | | | |
| | | | | | | | | | | | |
| | | | | | | | | | | | |
| | | | | | | | | | | | |
| | | | | | | | | | | | |
| | | | | | | | | | | | |
| | | | | | | | | | | | |
| | | | | | | | | | | | |
| | | | | | | | | | | | |
| | | | | | | | | | | | |
| | | | | | | | | | | | |
| | | | | | | | | | | | |
| | | | | | | | | | | | |
| | | | | | | | | | | | |
| | DEPARTAMENTO DE EXTENSION † | | | | | | | | | | |
| | TOTALES HOY | | | | | | | | | | |
| | TOTAL AÑO PASADO | | | | | | | | | | |

DATOS PARA INFORME ANUAL

ALMAS SALVADAS ____

ASISTENCIA AL CULTO DE PREDICACION ____%

* CONTINUACION: LA INFORMACION SERA COMPLETADA EL PROXIMO DOMINGO EXCEPTO LA COLUMNA DE ASIGNATURA.

† CUENTE LA ASISTENCIA DE EXTENSION SOLO SI ESTAN PRESENTES.

# INFORMES SEMANALES

CONDICIONES DE TIEMPO:

FECHA:     OCASION:

| MATRICULAS | CLASE O DEPARTAMENTO | MIEMBROS PRESENTES | VISITANTES | ASISTENCIA TOTAL | | ASISTENCIA TOTAL AL CULTO | CANTIDAD DE OFRENDAS | | CONTINUACION* | | | | |
|---|---|---|---|---|---|---|---|---|---|---|---|---|---|
| | | | | | | | | | ASIGNATURA | VISITAS | LLAMADAS TELEFONICAS | CARTAS O TARJETAS | TOTAL DE CONTACTOS |
| | OFICIALES | | | | | | | | | | | | |
| | | | | | | | | | | | | | |
| | | | | | | | | | | | | | |
| | | | | | | | | | | | | | |
| | | | | | | | | | | | | | |
| | | | | | | | | | | | | | |
| | | | | | | | | | | | | | |
| | | | | | | | | | | | | | |
| | | | | | | | | | | | | | |
| | | | | | | | | | | | | | |
| | | | | | | | | | | | | | |
| | | | | | | | | | | | | | |
| | | | | | | | | | | | | | |
| | | | | | | | | | | | | | |
| | | | | | | | | | | | | | |
| | | | | | | | | | | | | | |
| | | | | | | | | | | | | | |
| | | | | | | | | | | | | | |
| | | | | | | | | | | | | | |
| | | | | | | | | | | | | | |
| | | | | | | | | | | | | | |
| | | | | | | | | | | | | | |
| | | | | | | | | | | | | | |
| | | | | | | | | | | | | | |
| | | | | | | | | | | | | | |
| | | | | | | | | | | | | | |
| | | | | | | | | | | | | | |
| | DEPARTAMENTO DE EXTENSION† | | | | | | | | | | | | |
| | TOTALES HOY | | | | | | | | | | | | |
| | TOTAL AÑO PASADO | | | | | | | | | | | | |

* CONTINUACION: LA INFORMACION SERA COMPLETADA EL PROXIMO DOMINGO EXCEPTO LA COLUMNA DE ASIGNATURA.

† CUENTE LA ASISTENCIA DE EXTENSION SOLO SI ESTÁN PRESENTES.

DATOS PARA INFORME ANUAL

ALMAS SALVADAS ____

ASISTENCIA AL CULTO DE PREDICACION ____%

48

# INFORMES SEMANALES

CONDICIONES DE TIEMPO:

FECHA:      OCASION:

| MATRICULAS | CLASE O DEPARTAMENTO | MIEMBROS PRESENTES | VISITANTES | ASISTENCIA TOTAL | | ASISTENCIA TOTAL AL CULTO | CANTIDAD DE OFRENDAS | | ASIGNATURA | VISITAS | LLAMADAS TELEFONICAS | CARTAS O TARJETAS | TOTAL DE CONTACTOS |
|---|---|---|---|---|---|---|---|---|---|---|---|---|---|
| | | | | | | | | CONTINUACION* | | | | |
| | OFICIALES | | | | | | | | | | | |
| | | | | | | | | | | | | |
| | | | | | | | | | | | | |
| | | | | | | | | | | | | |
| | | | | | | | | | | | | |
| | | | | | | | | | | | | |
| | | | | | | | | | | | | |
| | | | | | | | | | | | | |
| | | | | | | | | | | | | |
| | | | | | | | | | | | | |
| | | | | | | | | | | | | |
| | | | | | | | | | | | | |
| | | | | | | | | | | | | |
| | | | | | | | | | | | | |
| | | | | | | | | | | | | |
| | | | | | | | | | | | | |
| | | | | | | | | | | | | |
| | | | | | | | | | | | | |
| | | | | | | | | | | | | |
| | | | | | | | | | | | | |
| | | | | | | | | | | | | |
| | | | | | | | | | | | | |
| | | | | | | | | | | | | |
| | | | | | | | | | | | | |
| | DEPARTAMENTO DE EXTENSION † | | | | | | | | | | | |
| | TOTALES HOY | | | | | | | | | | | |
| | TOTAL AÑO PASADO | | | | | | | | | | | |

* CONTINUACION: LA INFORMACION SERA COMPLETADA EL PROXIMO DOMINGO EXCEPTO LA COLUMNA DE ASIGNATURA.

† CUENTE LA ASISTENCIA DE EXTENSION SOLO SI ESTAN PRESENTES.

DATOS PARA INFORME ANUAL
ALMAS SALVADAS _____
ASISTENCIA AL CULTO DE PREDICACION _____ %

INFORMES SEMANALES

49

# INFORMES SEMANALES

CONDICIONES DE TIEMPO:

FECHA:     OCASION:

| MATRICULAS | CLASE O DEPARTAMENTO | MIEMBROS PRESENTES | VISITANTES | ASISTENCIA TOTAL | ASISTENCIA TOTAL AL CULTO | CANTIDAD DE OFRENDAS | CONTINUACION* | | | | |
|---|---|---|---|---|---|---|---|---|---|---|---|
| | | | | | | | ASIGNATURA | VISITAS | LLAMADAS TELEFONICAS | CARTAS O TARJETAS | TOTAL DE CONTACTOS |
| | OFICIALES | | | | | | | | | | |
| | | | | | | | | | | | |
| | | | | | | | | | | | |
| | | | | | | | | | | | |
| | | | | | | | | | | | |
| | | | | | | | | | | | |
| | | | | | | | | | | | |
| | | | | | | | | | | | |
| | | | | | | | | | | | |
| | | | | | | | | | | | |
| | | | | | | | | | | | |
| | | | | | | | | | | | |
| | | | | | | | | | | | |
| | | | | | | | | | | | |
| | | | | | | | | | | | |
| | | | | | | | | | | | |
| | | | | | | | | | | | |
| | | | | | | | | | | | |
| | | | | | | | | | | | |
| | | | | | | | | | | | |
| | | | | | | | | | | | |
| | | | | | | | | | | | |
| | | | | | | | | | | | |
| | | | | | | | | | | | |
| | | | | | | | | | | | |
| | | | | | | | | | | | |
| | | | | | | | | | | | |
| | | | | | | | | | | | |
| | DEPARTAMENTO DE EXTENSION† | | | | | | | | | | |
| | TOTALES HOY | | | | | | | | | | |
| | TOTAL AÑO PASADO | | | | | | DATOS PARA INFORME ANUAL | | | | |

* CONTINUACION: LA INFORMACION SERA COMPLETADA EL PROXIMO DOMINGO EXCEPTO LA COLUMNA DE ASIGNATURA.

† CUENTE LA ASISTENCIA DE EXTENSION SOLO SI ESTAN PRESENTES.

ALMAS SALVADAS ____

ASISTENCIA AL CULTO DE PREDICACION ____%

## RESUMENES MENSUALES

PROMEDIOS Y TOTALES PARA EL MES DE ................................................................ DE ...........

| PROMEDIO DE MATRICULA | CLASE O DEPARTAMENTO | PROMEDIO MIEMBROS PRES. | PROMEDIO VISITANTES | PROMEDIO ASISTENCIA | PROMEDIO ASISTENCIA AL CULTO | PROMEDIO DE OFRENDA | CONTINUACION | | | | |
|---|---|---|---|---|---|---|---|---|---|---|---|
| | | | | | | | TOTAL ASIGN. | TOTAL VISITAS | TOTAL LLAMADAS TEL. | TOTAL CARTAS Y TARJ. | TOTAL CONTACTOS |
| | OFICIALES | | | | | | | | | | |
| | | | | | | | | | | | |
| | | | | | | | | | | | |
| | | | | | | | | | | | |
| | | | | | | | | | | | |
| | | | | | | | | | | | |
| | | | | | | | | | | | |
| | | | | | | | | | | | |
| | | | | | | | | | | | |
| | | | | | | | | | | | |
| | | | | | | | | | | | |
| | | | | | | | | | | | |
| | | | | | | | | | | | |
| | | | | | | | | | | | |
| | | | | | | | | | | | |
| | | | | | | | | | | | |
| | | | | | | | | | | | |
| | | | | | | | | | | | |
| | | | | | | | | | | | |
| | | | | | | | | | | | |
| | | | | | | | | | | | |
| | | | | | | | | | | | |
| | | | | | | | | | | | |
| | | | | | | | | | | | |
| | | | | | | | | | | | |
| | | | | | | | | | | | |
| | | | | | | | | | | | |
| | | | | | | | | | | | |
| | | | | | | | | | | | |
| | | | | | | | | | | | |
| | | | | | | | | | | | |
| | DEPARTAMENTO DE EXTENSION | | | | | | | | | | |
| | TOTALES | | | | | | | | | | |

| NUMERO PRESENTE EN LA CONFERENCIA DE OBREROS [ ] | TOTAL DE ALMAS SALVADAS ESTE MES _____ <br> PROMEDIO DE ASISTENCIA AL CULTO _____% |
|---|---|

# INFORMES SEMANALES

CONDICIONES DE TIEMPO:

FECHA:     OCASION:

| MATRICULAS | CLASE O DEPARTAMENTO | MIEMBROS PRESENTES | VISITANTES | ASISTENCIA TOTAL | ASISTENCIA TOTAL AL CULTO | CANTIDAD DE OFRENDAS | CONTINUACION* | | | | |
|---|---|---|---|---|---|---|---|---|---|---|---|
| | | | | | | | ASIGNATURA | VISITAS | LLAMADAS TELEFONICAS | CARTAS O TARJETAS | TOTAL DE CONTACTOS |
| | OFICIALES | | | | | | | | | | |
| | | | | | | | | | | | |
| | | | | | | | | | | | |
| | | | | | | | | | | | |
| | | | | | | | | | | | |
| | | | | | | | | | | | |
| | | | | | | | | | | | |
| | | | | | | | | | | | |
| | | | | | | | | | | | |
| | | | | | | | | | | | |
| | | | | | | | | | | | |
| | | | | | | | | | | | |
| | | | | | | | | | | | |
| | | | | | | | | | | | |
| | | | | | | | | | | | |
| | | | | | | | | | | | |
| | | | | | | | | | | | |
| | | | | | | | | | | | |
| | | | | | | | | | | | |
| | | | | | | | | | | | |
| | | | | | | | | | | | |
| | | | | | | | | | | | |
| | | | | | | | | | | | |
| | | | | | | | | | | | |
| | | | | | | | | | | | |
| | | | | | | | | | | | |
| | | | | | | | | | | | |
| | | | | | | | | | | | |
| | | | | | | | | | | | |
| | | | | | | | | | | | |
| | DEPARTAMENTO DE EXTENSION† | | | | | | | | | | |
| | TOTALES HOY | | | | | | | | | | |
| | TOTAL AÑO PASADO | | | | | | DATOS PARA INFORME ANUAL | | | | |

* CONTINUACION: LA INFORMACION SERA COMPLETADA EL PROXIMO DOMINGO EXCEPTO LA COLUMNA DE ASIGNATURA.

† CUENTE LA ASISTENCIA DE EXTENSION SOLO SI ESTAN PRESENTES.

ALMAS SALVADAS _____
ASISTENCIA AL CULTO DE PREDICACION_____%

52

# INFORMES SEMANALES

CONDICIONES DE TIEMPO:

FECHA:        OCASION:

| MATRICULAS | CLASE O DEPARTAMENTO | MIEMBROS PRESENTES | VISITANTES | ASISTENCIA TOTAL | ASISTENCIA TOTAL AL CULTO | CANTIDAD DE OFRENDAS | CONTINUACION* | | | | |
|---|---|---|---|---|---|---|---|---|---|---|---|
| | | | | | | | ASIGNATURA | VISITAS | LLAMADAS TELEFONICAS | CARTAS O TARJETAS | TOTAL DE CONTACTOS |
| | OFICIALES | | | | | | | | | | |
| | | | | | | | | | | | |
| | | | | | | | | | | | |
| | | | | | | | | | | | |
| | | | | | | | | | | | |
| | | | | | | | | | | | |
| | | | | | | | | | | | |
| | | | | | | | | | | | |
| | | | | | | | | | | | |
| | | | | | | | | | | | |
| | | | | | | | | | | | |
| | | | | | | | | | | | |
| | | | | | | | | | | | |
| | | | | | | | | | | | |
| | | | | | | | | | | | |
| | | | | | | | | | | | |
| | | | | | | | | | | | |
| | | | | | | | | | | | |
| | | | | | | | | | | | |
| | | | | | | | | | | | |
| | | | | | | | | | | | |
| | | | | | | | | | | | |
| | | | | | | | | | | | |
| | | | | | | | | | | | |
| | | | | | | | | | | | |
| | | | | | | | | | | | |
| | | | | | | | | | | | |
| | | | | | | | | | | | |
| | DEPARTAMENTO DE EXTENSION† | | | | | | | | | | |
| | TOTALES HOY | | | | | | | | | | |
| | TOTAL AÑO PASADO | | | | | | | | | | |

**DATOS PARA INFORME ANUAL**

ALMAS SALVADAS ____

ASISTENCIA AL CULTO DE PREDICACION ____%

* CONTINUACION: LA INFORMACION SERA COMPLETADA EL PROXIMO DOMINGO EXCEPTO LA COLUMNA DE ASIGNATURA.

† CUENTE LA ASISTENCIA DE EXTENSION SOLO SI ESTAN PRESENTES.

# INFORMES SEMANALES

CONDICIONES DE TIEMPO:

FECHA:      OCASION:

| MATRICULAS | CLASE O DEPARTAMENTO | MIEMBROS PRESENTES | VISITANTES | ASISTENCIA TOTAL | ASISTENCIA TOTAL AL CULTO | CANTIDAD DE OFRENDAS | CONTINUACION* | | | | |
|---|---|---|---|---|---|---|---|---|---|---|---|
| | | | | | | | ASIGNATURA | VISITAS | LLAMADAS TELEFONICAS | CARTAS O TARJETAS | TOTAL DE CONTACTOS |
| | OFICIALES | | | | | | | | | | |
| | | | | | | | | | | | |
| | | | | | | | | | | | |
| | | | | | | | | | | | |
| | | | | | | | | | | | |
| | | | | | | | | | | | |
| | | | | | | | | | | | |
| | | | | | | | | | | | |
| | | | | | | | | | | | |
| | | | | | | | | | | | |
| | | | | | | | | | | | |
| | | | | | | | | | | | |
| | | | | | | | | | | | |
| | | | | | | | | | | | |
| | | | | | | | | | | | |
| | | | | | | | | | | | |
| | | | | | | | | | | | |
| | | | | | | | | | | | |
| | | | | | | | | | | | |
| | | | | | | | | | | | |
| | | | | | | | | | | | |
| | | | | | | | | | | | |
| | | | | | | | | | | | |
| | | | | | | | | | | | |
| | | | | | | | | | | | |
| | | | | | | | | | | | |
| | | | | | | | | | | | |
| | | | | | | | | | | | |
| | | | | | | | | | | | |
| | | | | | | | | | | | |
| | | | | | | | | | | | |
| | DEPARTAMENTO DE EXTENSION† | | | | | | | | | | |
| | TOTALES HOY | | | | | | | | | | |
| | TOTAL AÑO PASADO | | | | | | | | | | |

DATOS PARA INFORME ANUAL

ALMAS SALVADAS _____

ASISTENCIA AL CULTO DE PREDICACION ____%

\* CONTINUACION: LA INFORMACION SERA COMPLETADA EL PROXIMO DOMINGO EXCEPTO LA COLUMNA DE ASIGNATURA.

† CUENTE LA ASISTENCIA DE EXTENSION SOLO SI ESTAN PRESENTES.

# INFORMES SEMANALES

CONDICIONES DE TIEMPO:

FECHA:     OCASION:

| MATRICULAS | CLASE O DEPARTAMENTO | MIEMBROS PRESENTES | VISITANTES | ASISTENCIA TOTAL | ASISTENCIA TOTAL AL CULTO | CANTIDAD DE OFRENDAS | CONTINUACION* | | | | |
|---|---|---|---|---|---|---|---|---|---|---|---|
| | | | | | | | ASIGNATURA | VISITAS | LLAMADAS TELEFONICAS | CARTAS O TARJETAS | TOTAL DE CONTACTOS |
| | OFICIALES | | | | | | | | | | |
| | | | | | | | | | | | |
| | | | | | | | | | | | |
| | | | | | | | | | | | |
| | | | | | | | | | | | |
| | | | | | | | | | | | |
| | | | | | | | | | | | |
| | | | | | | | | | | | |
| | | | | | | | | | | | |
| | | | | | | | | | | | |
| | | | | | | | | | | | |
| | | | | | | | | | | | |
| | | | | | | | | | | | |
| | | | | | | | | | | | |
| | | | | | | | | | | | |
| | | | | | | | | | | | |
| | | | | | | | | | | | |
| | | | | | | | | | | | |
| | | | | | | | | | | | |
| | | | | | | | | | | | |
| | | | | | | | | | | | |
| | | | | | | | | | | | |
| | | | | | | | | | | | |
| | | | | | | | | | | | |
| | | | | | | | | | | | |
| | | | | | | | | | | | |
| | DEPARTAMENTO DE EXTENSION† | | | | | | | | | | |
| | TOTALES HOY | | | | | | | | | | |
| | TOTAL AÑO PASADO | | | | | | | | | | |

* CONTINUACION: LA INFORMACION SERA COMPLETADA EL PROXIMO DOMINGO EXCEPTO LA COLUMNA DE ASIGNATURA.

† CUENTE LA ASISTENCIA DE EXTENSION SOLO SI ESTAN PRESENTES.

DATOS PARA INFORME ANUAL

ALMAS SALVADAS _____

ASISTENCIA AL CULTO DE PREDICACION _____%

INFORMES SEMANALES

# INFORMES SEMANALES

**CONDICIONES DE TIEMPO:**

FECHA:     OCASION:

| MATRICULAS | CLASE O DEPARTAMENTO | MIEMBROS PRESENTES | VISITANTES | ASISTENCIA TOTAL | ASISTENCIA TOTAL AL CULTO | CANTIDAD DE OFRENDAS | ASIGNATURA | VISITAS | LLAMADAS TELEFONICAS | CARTAS O TARJETAS | TOTAL DE CONTACTOS |
|---|---|---|---|---|---|---|---|---|---|---|---|
| | | | | | | | CONTINUACION* | | | | |
| | OFICIALES | | | | | | | | | | |
| | | | | | | | | | | | |
| | | | | | | | | | | | |
| | | | | | | | | | | | |
| | | | | | | | | | | | |
| | | | | | | | | | | | |
| | | | | | | | | | | | |
| | | | | | | | | | | | |
| | | | | | | | | | | | |
| | | | | | | | | | | | |
| | | | | | | | | | | | |
| | | | | | | | | | | | |
| | | | | | | | | | | | |
| | | | | | | | | | | | |
| | | | | | | | | | | | |
| | | | | | | | | | | | |
| | | | | | | | | | | | |
| | | | | | | | | | | | |
| | | | | | | | | | | | |
| | | | | | | | | | | | |
| | | | | | | | | | | | |
| | | | | | | | | | | | |
| | | | | | | | | | | | |
| | | | | | | | | | | | |
| | | | | | | | | | | | |
| | | | | | | | | | | | |
| | DEPARTAMENTO DE EXTENSION† | | | | | | | | | | |
| | TOTALES HOY | | | | | | | | | | |
| | TOTAL AÑO PASADO | | | | | | | | | | |

**DATOS PARA INFORME ANUAL**

ALMAS SALVADAS ____

ASISTENCIA AL CULTO DE PREDICACION ____%

\* CONTINUACION: LA INFORMACION SERA COMPLETADA EL PROXIMO DOMINGO EXCEPTO LA COLUMNA DE ASIGNATURA.

† CUENTE LA ASISTENCIA DE EXTENSION SOLO SI ESTAN PRESENTES.

# RESUMENES MENSUALES

PROMEDIOS Y TOTALES PARA EL MES DE _____ DE _____

| PROMEDIO DE MATRICULA | CLASE O DEPARTAMENTO | PROMEDIO MIEMBROS PRES. | PROMEDIO VISITANTES | PROMEDIO ASISTENCIA | PROMEDIO ASISTENCIA AL CULTO | PROMEDIO DE OFRENDA | CONTINUACION | | | | |
|---|---|---|---|---|---|---|---|---|---|---|---|
| | | | | | | | TOTAL ASIGN. | TOTAL VISITAS | TOTAL LLAMADAS TEL. | TOTAL CARTAS Y TARJ. | TOTAL CONTACTOS |
| | OFICIALES | | | | | | | | | | |
| | | | | | | | | | | | |
| | | | | | | | | | | | |
| | | | | | | | | | | | |
| | | | | | | | | | | | |
| | | | | | | | | | | | |
| | | | | | | | | | | | |
| | | | | | | | | | | | |
| | | | | | | | | | | | |
| | | | | | | | | | | | |
| | | | | | | | | | | | |
| | | | | | | | | | | | |
| | | | | | | | | | | | |
| | | | | | | | | | | | |
| | | | | | | | | | | | |
| | | | | | | | | | | | |
| | | | | | | | | | | | |
| | | | | | | | | | | | |
| | | | | | | | | | | | |
| | | | | | | | | | | | |
| | | | | | | | | | | | |
| | | | | | | | | | | | |
| | | | | | | | | | | | |
| | | | | | | | | | | | |
| | | | | | | | | | | | |
| | | | | | | | | | | | |
| | DEPARTAMENTO DE EXTENSION | | | | | | | | | | |
| | TOTALES | | | | | | | | | | |

NUMERO PRESENTE EN LA CONFERENCIA DE OBREROS [ ]

TOTAL DE ALMAS SALVADAS ESTE MES _____

PROMEDIO DE ASISTENCIA AL CULTO _____ %

# INFORMES SEMANALES

CONDICIONES DE TIEMPO:

FECHA: _____  OCASION: _____

| MATRICULAS | CLASE O DEPARTAMENTO | MIEMBROS PRESENTES | VISITANTES | ASISTENCIA TOTAL | ASISTENCIA TOTAL AL CULTO | CANTIDAD DE OFRENDAS | CONTINUACION* | | | | |
|---|---|---|---|---|---|---|---|---|---|---|---|
| | | | | | | | ASIGNATURA | VISITAS | LLAMADAS TELEFONICAS | CARTAS O TARJETAS | TOTAL DE CONTACTOS |
| | OFICIALES | | | | | | | | | | |
| | | | | | | | | | | | |
| | | | | | | | | | | | |
| | | | | | | | | | | | |
| | | | | | | | | | | | |
| | | | | | | | | | | | |
| | | | | | | | | | | | |
| | | | | | | | | | | | |
| | | | | | | | | | | | |
| | | | | | | | | | | | |
| | | | | | | | | | | | |
| | | | | | | | | | | | |
| | | | | | | | | | | | |
| | | | | | | | | | | | |
| | | | | | | | | | | | |
| | | | | | | | | | | | |
| | | | | | | | | | | | |
| | | | | | | | | | | | |
| | | | | | | | | | | | |
| | | | | | | | | | | | |
| | | | | | | | | | | | |
| | | | | | | | | | | | |
| | | | | | | | | | | | |
| | | | | | | | | | | | |
| | | | | | | | | | | | |
| | | | | | | | | | | | |
| | | | | | | | | | | | |
| | | | | | | | | | | | |
| | | | | | | | | | | | |
| | | | | | | | | | | | |
| | | | | | | | | | | | |
| | DEPARTAMENTO DE EXTENSION † | | | | | | | | | | |
| | TOTALES HOY | | | | | | | | | | |
| | TOTAL AÑO PASADO | | | | | | | | | | |

DATOS PARA INFORME ANUAL

ALMAS SALVADAS _____
ASISTENCIA AL CULTO DE PREDICACION ____%

* CONTINUACION: LA INFORMACION SERA COMPLETADA EL PROXIMO DOMINGO EXCEPTO LA COLUMNA DE ASIGNATURA.

† CUENTE LA ASISTENCIA DE EXTENSION SOLO SI ESTAN PRESENTES.

# INFORMES SEMANALES

CONDICIONES DE TIEMPO:

FECHA:  OCASION:

| MATRICULAS | CLASE O DEPARTAMENTO | MIEMBROS PRESENTES | VISITANTES | ASISTENCIA TOTAL | | ASISTENCIA TOTAL AL CULTO | CANTIDAD DE OFRENDAS | | CONTINUACION* | | | | |
|---|---|---|---|---|---|---|---|---|---|---|---|---|---|
| | | | | | | | | | ASIGNATURA | VISITAS | LLAMADAS TELEFONICAS | CARTAS O TARJETAS | TOTAL DE CONTACTOS |
| | OFICIALES | | | | | | | | | | | | |
| | | | | | | | | | | | | | |
| | | | | | | | | | | | | | |
| | | | | | | | | | | | | | |
| | | | | | | | | | | | | | |
| | | | | | | | | | | | | | |
| | | | | | | | | | | | | | |
| | | | | | | | | | | | | | |
| | | | | | | | | | | | | | |
| | | | | | | | | | | | | | |
| | | | | | | | | | | | | | |
| | | | | | | | | | | | | | |
| | | | | | | | | | | | | | |
| | | | | | | | | | | | | | |
| | | | | | | | | | | | | | |
| | | | | | | | | | | | | | |
| | | | | | | | | | | | | | |
| | | | | | | | | | | | | | |
| | | | | | | | | | | | | | |
| | | | | | | | | | | | | | |
| | | | | | | | | | | | | | |
| | | | | | | | | | | | | | |
| | | | | | | | | | | | | | |
| | | | | | | | | | | | | | |
| | | | | | | | | | | | | | |
| | | | | | | | | | | | | | |
| | | | | | | | | | | | | | |
| | | | | | | | | | | | | | |
| | | | | | | | | | | | | | |
| | DEPARTAMENTO DE EXTENSION† | | | | | | | | | | | | |
| | TOTALES HOY | | | | | | | | | | | | |
| | TOTAL AÑO PASADO | | | | | | | | | | | | |

* CONTINUACION: LA INFORMACION SERA COMPLETADA EL PROXIMO DOMINGO EXCEPTO LA COLUMNA DE ASIGNATURA.

† CUENTE LA ASISTENCIA DE EXTENSION SOLO SI ESTAN PRESENTES.

DATOS PARA INFORME ANUAL

ALMAS SALVADAS _____

ASISTENCIA AL CULTO DE PREDICACION _____%

INFORMES SEMANALES

# INFORMES SEMANALES

CONDICIONES
DE TIEMPO:

FECHA:          OCASION:

| MATRICULAS | CLASE O DEPARTAMENTO | MIEMBROS PRESENTES | VISITANTES | ASISTENCIA TOTAL | | ASISTENCIA TOTAL AL CULTO | CANTIDAD DE OFRENDAS | | CONTINUACION* | | | | |
|---|---|---|---|---|---|---|---|---|---|---|---|---|---|
| | | | | | | | | | ASIGNATURA | VISITAS | LLAMADAS TELEFONICAS | CARTAS O TARJETAS | TOTAL DE CONTACTOS |
| | OFICIALES | | | | | | | | | | | | |
| | | | | | | | | | | | | | |
| | | | | | | | | | | | | | |
| | | | | | | | | | | | | | |
| | | | | | | | | | | | | | |
| | | | | | | | | | | | | | |
| | | | | | | | | | | | | | |
| | | | | | | | | | | | | | |
| | | | | | | | | | | | | | |
| | | | | | | | | | | | | | |
| | | | | | | | | | | | | | |
| | | | | | | | | | | | | | |
| | | | | | | | | | | | | | |
| | | | | | | | | | | | | | |
| | | | | | | | | | | | | | |
| | | | | | | | | | | | | | |
| | | | | | | | | | | | | | |
| | | | | | | | | | | | | | |
| | | | | | | | | | | | | | |
| | | | | | | | | | | | | | |
| | | | | | | | | | | | | | |
| | | | | | | | | | | | | | |
| | | | | | | | | | | | | | |
| | | | | | | | | | | | | | |
| | | | | | | | | | | | | | |
| | | | | | | | | | | | | | |
| | DEPARTAMENTO DE EXTENSION† | | | | | | | | | | | | |
| | TOTALES HOY | | | | | | | | | | | | |
| | TOTAL AÑO PASADO | | | | | | | | | | | | |

DATOS PARA INFORME ANUAL

ALMAS SALVADAS ____

ASISTENCIA AL CULTO DE PREDICACION ____%

* CONTINUACION: LA INFORMACION SERA COMPLETADA EL PROXIMO DOMINGO EXCEPTO LA COLUMNA DE ASIGNATURA.

† CUENTE LA ASISTENCIA DE EXTENSION SOLO SI ESTAN PRESENTES.

60

# INFORMES SEMANALES

CONDICIONES DE TIEMPO:

FECHA:      OCASION:

| MATRICULAS | CLASE O DEPARTAMENTO | MIEMBROS PRESENTES | VISITANTES | ASISTENCIA TOTAL | ASISTENCIA TOTAL AL CULTO | CANTIDAD DE OFRENDAS | CONTINUACION* | | | | |
|---|---|---|---|---|---|---|---|---|---|---|---|
| | | | | | | | ASIGNATURA | VISITAS | LLAMADAS TELEFONICAS | CARTAS O TARJETAS | TOTAL DE CONTACTOS |
| | OFICIALES | | | | | | | | | | |
| | | | | | | | | | | | |
| | | | | | | | | | | | |
| | | | | | | | | | | | |
| | | | | | | | | | | | |
| | | | | | | | | | | | |
| | | | | | | | | | | | |
| | | | | | | | | | | | |
| | | | | | | | | | | | |
| | | | | | | | | | | | |
| | | | | | | | | | | | |
| | | | | | | | | | | | |
| | | | | | | | | | | | |
| | | | | | | | | | | | |
| | | | | | | | | | | | |
| | | | | | | | | | | | |
| | | | | | | | | | | | |
| | | | | | | | | | | | |
| | | | | | | | | | | | |
| | | | | | | | | | | | |
| | | | | | | | | | | | |
| | | | | | | | | | | | |
| | | | | | | | | | | | |
| | | | | | | | | | | | |
| | DEPARTAMENTO DE EXTENSION† | | | | | | | | | | |
| | TOTALES HOY | | | | | | | | | | |
| | TOTAL AÑO PASADO | | | | | | | | | | |

\* CONTINUACION: LA INFORMACION SERA COMPLETADA EL PROXIMO DOMINGO EXCEPTO LA COLUMNA DE ASIGNATURA.

† CUENTE LA ASISTENCIA DE EXTENSION SOLO SI ESTAN PRESENTES.

**DATOS PARA INFORME ANUAL**

ALMAS SALVADAS _____
ASISTENCIA AL CULTO
DE PREDICACION _____%

# INFORMES SEMANALES

**CONDICIONES DE TIEMPO:**

**FECHA:**     **OCASION:**

| MATRICULAS | CLASE O DEPARTAMENTO | MIEMBROS PRESENTES | VISITANTES | ASISTENCIA TOTAL | ASISTENCIA TOTAL AL CULTO | CANTIDAD DE OFRENDAS | CONTINUACION* | | | | |
|---|---|---|---|---|---|---|---|---|---|---|---|
| | | | | | | | ASIGNATURA | VISITAS | LLAMADAS TELEFONICAS | CARTAS O TARJETAS | TOTAL DE CONTACTOS |
| | OFICIALES | | | | | | | | | | |
| | | | | | | | | | | | |
| | | | | | | | | | | | |
| | | | | | | | | | | | |
| | | | | | | | | | | | |
| | | | | | | | | | | | |
| | | | | | | | | | | | |
| | | | | | | | | | | | |
| | | | | | | | | | | | |
| | | | | | | | | | | | |
| | | | | | | | | | | | |
| | | | | | | | | | | | |
| | | | | | | | | | | | |
| | | | | | | | | | | | |
| | | | | | | | | | | | |
| | | | | | | | | | | | |
| | | | | | | | | | | | |
| | | | | | | | | | | | |
| | | | | | | | | | | | |
| | | | | | | | | | | | |
| | | | | | | | | | | | |
| | | | | | | | | | | | |
| | | | | | | | | | | | |
| | | | | | | | | | | | |
| | | | | | | | | | | | |
| | | | | | | | | | | | |
| | | | | | | | | | | | |
| | | | | | | | | | | | |
| | | | | | | | | | | | |
| | DEPARTAMENTO DE EXTENSION† | | | | | | | | | | |
| | TOTALES HOY | | | | | | | | | | |
| | TOTAL AÑO PASADO | | | | | | | | | | |

\* CONTINUACION: LA INFORMACION SERA COMPLETADA EL PROXIMO DOMINGO EXCEPTO LA COLUMNA DE ASIGNATURA.

† CUENTE LA ASISTENCIA DE EXTENSION SOLO SI ESTAN PRESENTES.

**DATOS PARA INFORME ANUAL**

ALMAS SALVADAS _____

ASISTENCIA AL CULTO DE PREDICACION _____%

# RESUMENES MENSUALES

PROMEDIOS Y TOTALES PARA EL MES DE ................................................................DE ............

| PROMEDIO DE MATRICULA | CLASE O DEPARTAMENTO | PROMEDIO MIEMBROS PRES. | PROMEDIO VISITANTES | PROMEDIO ASISTENCIA | PROMEDIO ASISTENCIA AL CULTO | PROMEDIO DE OFRENDA | CONTINUACION | | | | |
|---|---|---|---|---|---|---|---|---|---|---|---|
| | | | | | | | TOTAL ASIGN. | TOTAL VISITAS | TOTAL LLAMADAS TEL. | TOTAL CARTAS Y TARJ. | TOTAL CONTACTOS |
| | OFICIALES | | | | | | | | | | |
| | | | | | | | | | | | |
| | | | | | | | | | | | |
| | | | | | | | | | | | |
| | | | | | | | | | | | |
| | | | | | | | | | | | |
| | | | | | | | | | | | |
| | | | | | | | | | | | |
| | | | | | | | | | | | |
| | | | | | | | | | | | |
| | | | | | | | | | | | |
| | | | | | | | | | | | |
| | | | | | | | | | | | |
| | | | | | | | | | | | |
| | | | | | | | | | | | |
| | | | | | | | | | | | |
| | | | | | | | | | | | |
| | | | | | | | | | | | |
| | | | | | | | | | | | |
| | | | | | | | | | | | |
| | | | | | | | | | | | |
| | | | | | | | | | | | |
| | | | | | | | | | | | |
| | | | | | | | | | | | |
| | | | | | | | | | | | |
| | | | | | | | | | | | |
| | | | | | | | | | | | |
| | | | | | | | | | | | |
| | DEPARTAMENTO DE EXTENSION | | | | | | | | | | |
| | TOTALES | | | | | | | | | | |

NUMERO PRESENTE EN LA CONFERENCIA DE OBREROS [   ]

TOTAL DE ALMAS SALVADAS ESTE MES ............

PROMEDIO DE ASISTENCIA AL CULTO ............ %

# INFORMES SEMANALES

CONDICIONES DE TIEMPO:

FECHA:     OCASION:

| MATRICULAS | CLASE O DEPARTAMENTO | MIEMBROS PRESENTES | VISITANTES | ASISTENCIA TOTAL | ASISTENCIA TOTAL AL CULTO | CANTIDAD DE OFRENDAS | ASIGNATURA | VISITAS | LLAMADAS TELEFONICAS | CARTAS O TARJETAS | TOTAL DE CONTACTOS |
|---|---|---|---|---|---|---|---|---|---|---|---|
| | | | | | | | CONTINUACION* | | | | |
| | OFICIALES | | | | | | | | | | |
| | | | | | | | | | | | |
| | | | | | | | | | | | |
| | | | | | | | | | | | |
| | | | | | | | | | | | |
| | | | | | | | | | | | |
| | | | | | | | | | | | |
| | | | | | | | | | | | |
| | | | | | | | | | | | |
| | | | | | | | | | | | |
| | | | | | | | | | | | |
| | | | | | | | | | | | |
| | | | | | | | | | | | |
| | | | | | | | | | | | |
| | | | | | | | | | | | |
| | | | | | | | | | | | |
| | | | | | | | | | | | |
| | | | | | | | | | | | |
| | | | | | | | | | | | |
| | | | | | | | | | | | |
| | | | | | | | | | | | |
| | | | | | | | | | | | |
| | | | | | | | | | | | |
| | | | | | | | | | | | |
| | | | | | | | | | | | |
| | | | | | | | | | | | |
| | | | | | | | | | | | |
| | | | | | | | | | | | |
| | | | | | | | | | | | |
| | | | | | | | | | | | |
| | DEPARTAMENTO DE EXTENSION† | | | | | | | | | | |
| | TOTALES HOY | | | | | | | | | | |
| | TOTAL AÑO PASADO | | | | | | | | | | |

* CONTINUACION: LA INFORMACION SERA COMPLETADA EL PROXIMO DOMINGO EXCEPTO LA COLUMNA DE ASIGNATURA.

† CUENTE LA ASISTENCIA DE EXTENSION SOLO SI ESTAN PRESENTES.

DATOS PARA INFORME ANUAL

ALMAS SALVADAS _____

ASISTENCIA AL CULTO DE PREDICACION _____%

# INFORMES SEMANALES

FECHA:      OCASION:      CONDICIONES DE TIEMPO:

| MATRICULAS | CLASE O DEPARTAMENTO | MIEMBROS PRESENTES | VISITANTES | ASISTENCIA TOTAL | ASISTENCIA TOTAL AL CULTO | CANTIDAD DE OFRENDAS | CONTINUACION* | | | | |
|---|---|---|---|---|---|---|---|---|---|---|---|
| | | | | | | | ASIGNATURA | VISITAS | LLAMADAS TELEFONICAS | CARTAS O TARJETAS | TOTAL DE CONTACTOS |
| | OFICIALES | | | | | | | | | | |
| | | | | | | | | | | | |
| | | | | | | | | | | | |
| | | | | | | | | | | | |
| | | | | | | | | | | | |
| | | | | | | | | | | | |
| | | | | | | | | | | | |
| | | | | | | | | | | | |
| | | | | | | | | | | | |
| | | | | | | | | | | | |
| | | | | | | | | | | | |
| | | | | | | | | | | | |
| | | | | | | | | | | | |
| | | | | | | | | | | | |
| | | | | | | | | | | | |
| | | | | | | | | | | | |
| | | | | | | | | | | | |
| | | | | | | | | | | | |
| | | | | | | | | | | | |
| | | | | | | | | | | | |
| | | | | | | | | | | | |
| | | | | | | | | | | | |
| | | | | | | | | | | | |
| | | | | | | | | | | | |
| | | | | | | | | | | | |
| | | | | | | | | | | | |
| | | | | | | | | | | | |
| | | | | | | | | | | | |
| | DEPARTAMENTO DE EXTENSION† | | | | | | | | | | |
| | TOTALES HOY | | | | | | | | | | |
| | TOTAL AÑO PASADO | | | | | | | | | | |

\* CONTINUACION: LA INFORMACION SERA COMPLETADA EL PROXIMO DOMINGO EXCEPTO LA COLUMNA DE ASIGNATURA.

† CUENTE LA ASISTENCIA DE EXTENSION SOLO SI ESTAN PRESENTES.

**DATOS PARA INFORME ANUAL**

ALMAS SALVADAS ____

ASISTENCIA AL CULTO DE PREDICACION ____%

# INFORMES SEMANALES

CONDICIONES DE TIEMPO:

FECHA:     OCASION:

| MATRICULAS | CLASE O DEPARTAMENTO | MIEMBROS PRESENTES | VISITANTES | ASISTENCIA TOTAL | ASISTENCIA TOTAL AL CULTO | CANTIDAD DE OFRENDAS | CONTINUACION* | | | | |
|---|---|---|---|---|---|---|---|---|---|---|---|
| | | | | | | | ASIGNATURA | VISITAS | LLAMADAS TELEFONICAS | CARTAS O TARJETAS | TOTAL DE CONTACTOS |
| | OFICIALES | | | | | | | | | | |
| | | | | | | | | | | | |
| | | | | | | | | | | | |
| | | | | | | | | | | | |
| | | | | | | | | | | | |
| | | | | | | | | | | | |
| | | | | | | | | | | | |
| | | | | | | | | | | | |
| | | | | | | | | | | | |
| | | | | | | | | | | | |
| | | | | | | | | | | | |
| | | | | | | | | | | | |
| | | | | | | | | | | | |
| | | | | | | | | | | | |
| | | | | | | | | | | | |
| | | | | | | | | | | | |
| | | | | | | | | | | | |
| | | | | | | | | | | | |
| | | | | | | | | | | | |
| | | | | | | | | | | | |
| | | | | | | | | | | | |
| | | | | | | | | | | | |
| | | | | | | | | | | | |
| | | | | | | | | | | | |
| | | | | | | | | | | | |
| | | | | | | | | | | | |
| | | | | | | | | | | | |
| | DEPARTAMENTO DE EXTENSION † | | | | | | | | | | |
| | TOTALES HOY | | | | | | | | | | |
| | TOTAL AÑO PASADO | | | | | | | | | | |

**DATOS PARA INFORME ANUAL**

ALMAS SALVADAS ____

ASISTENCIA AL CULTO DE PREDICACION ____%

* CONTINUACION: LA INFORMACION SERA COMPLETADA EL PROXIMO DOMINGO EXCEPTO LA COLUMNA DE ASIGNATURA.

† CUENTE LA ASISTENCIA DE EXTENSION SOLO SI ESTAN PRESENTES.

# INFORMES SEMANALES

**CONDICIONES DE TIEMPO:**

FECHA:      OCASION:

| MATRICULAS | CLASE O DEPARTAMENTO | MIEMBROS PRESENTES | VISITANTES | ASISTENCIA TOTAL | ASISTENCIA TOTAL AL CULTO | CANTIDAD DE OFRENDAS | CONTINUACION* | | | | |
|---|---|---|---|---|---|---|---|---|---|---|---|
| | | | | | | | ASIGNATURA | VISITAS | LLAMADAS TELEFONICAS | CARTAS O TARJETAS | TOTAL DE CONTACTOS |
| | OFICIALES | | | | | | | | | | |
| | | | | | | | | | | | |
| | | | | | | | | | | | |
| | | | | | | | | | | | |
| | | | | | | | | | | | |
| | | | | | | | | | | | |
| | | | | | | | | | | | |
| | | | | | | | | | | | |
| | | | | | | | | | | | |
| | | | | | | | | | | | |
| | | | | | | | | | | | |
| | | | | | | | | | | | |
| | | | | | | | | | | | |
| | | | | | | | | | | | |
| | | | | | | | | | | | |
| | | | | | | | | | | | |
| | | | | | | | | | | | |
| | | | | | | | | | | | |
| | | | | | | | | | | | |
| | | | | | | | | | | | |
| | | | | | | | | | | | |
| | | | | | | | | | | | |
| | | | | | | | | | | | |
| | | | | | | | | | | | |
| | | | | | | | | | | | |
| | | | | | | | | | | | |
| | | | | | | | | | | | |
| | | | | | | | | | | | |
| | DEPARTAMENTO DE EXTENSION† | | | | | | | | | | |
| | TOTALES HOY | | | | | | | | | | |
| | TOTAL AÑO PASADO | | | | | | | | | | |

**DATOS PARA INFORME ANUAL**

ALMAS SALVADAS ____

ASISTENCIA AL CULTO DE PREDICACION ____%

\* CONTINUACION: LA INFORMACION SERA COMPLETADA EL PROXIMO DOMINGO EXCEPTO LA COLUMNA DE ASIGNATURA.

† CUENTE LA ASISTENCIA DE EXTENSION SOLO SI ESTAN PRESENTES.

# INFORMES SEMANALES

CONDICIONES DE TIEMPO:

FECHA:          OCASION:

| MATRICULAS | CLASE O DEPARTAMENTO | MIEMBROS PRESENTES | VISITANTES | ASISTENCIA TOTAL | ASISTENCIA TOTAL AL CULTO | CANTIDAD DE OFRENDAS | CONTINUACION* | | | | |
|---|---|---|---|---|---|---|---|---|---|---|---|
| | | | | | | | ASIGNATURA | VISITAS | LLAMADAS TELEFONICAS | CARTAS O TARJETAS | TOTAL DE CONTACTOS |
| | OFICIALES | | | | | | | | | | |
| | | | | | | | | | | | |
| | | | | | | | | | | | |
| | | | | | | | | | | | |
| | | | | | | | | | | | |
| | | | | | | | | | | | |
| | | | | | | | | | | | |
| | | | | | | | | | | | |
| | | | | | | | | | | | |
| | | | | | | | | | | | |
| | | | | | | | | | | | |
| | | | | | | | | | | | |
| | | | | | | | | | | | |
| | | | | | | | | | | | |
| | | | | | | | | | | | |
| | | | | | | | | | | | |
| | | | | | | | | | | | |
| | | | | | | | | | | | |
| | | | | | | | | | | | |
| | | | | | | | | | | | |
| | | | | | | | | | | | |
| | | | | | | | | | | | |
| | | | | | | | | | | | |
| | | | | | | | | | | | |
| | | | | | | | | | | | |
| | | | | | | | | | | | |
| | DEPARTAMENTO DE EXTENSION† | | | | | | | | | | |
| | TOTALES HOY | | | | | | | | | | |
| | TOTAL AÑO PASADO | | | | | | | | | | |

* CONTINUACION: LA INFORMACION SERA COMPLETADA EL PROXIMO DOMINGO EXCEPTO LA COLUMNA DE ASIGNATURA.

† CUENTE LA ASISTENCIA DE EXTENSION SOLO SI ESTAN PRESENTES.

DATOS PARA INFORME ANUAL

ALMAS SALVADAS _____

ASISTENCIA AL CULTO DE PREDICACION _____%

# RESUMENES MENSUALES

PROMEDIOS Y TOTALES PARA EL MES DE.................................................DE ..........

| PROMEDIO DE MATRICULA | CLASE O DEPARTAMENTO | PROMEDIO MIEMBROS PRES. | PROMEDIO VISITANTES | PROMEDIO ASISTENCIA | PROMEDIO ASIS-TENCIA AL CULTO | PROMEDIO DE OFRENDA | CONTINUACION | | | | |
|---|---|---|---|---|---|---|---|---|---|---|---|
| | | | | | | | TOTAL ASIGN. | TOTAL VISITAS | TOTAL LLA-MADAS TEL. | TOTAL CAR-TAS Y TARJ. | TOTAL CONTACTOS |
| | OFICIALES | | | | | | | | | | |
| | | | | | | | | | | | |
| | | | | | | | | | | | |
| | | | | | | | | | | | |
| | | | | | | | | | | | |
| | | | | | | | | | | | |
| | | | | | | | | | | | |
| | | | | | | | | | | | |
| | | | | | | | | | | | |
| | | | | | | | | | | | |
| | | | | | | | | | | | |
| | | | | | | | | | | | |
| | | | | | | | | | | | |
| | | | | | | | | | | | |
| | | | | | | | | | | | |
| | | | | | | | | | | | |
| | | | | | | | | | | | |
| | | | | | | | | | | | |
| | | | | | | | | | | | |
| | | | | | | | | | | | |
| | | | | | | | | | | | |
| | | | | | | | | | | | |
| | | | | | | | | | | | |
| | | | | | | | | | | | |
| | | | | | | | | | | | |
| | | | | | | | | | | | |
| | | | | | | | | | | | |
| | | | | | | | | | | | |
| | DEPARTAMENTO DE EXTENSION | | | | | | | | | | |
| | TOTALES | | | | | | | | | | |

NUMERO PRESENTE EN LA CONFERENCIA DE OBREROS ☐

TOTAL DE ALMAS SALVADAS ESTE MES..........

PROMEDIO DE ASISTENCIA AL CULTO..........%

# INFORMES SEMANALES

CONDICIONES DE TIEMPO:

FECHA:     OCASION:

| MATRICULAS | CLASE O DEPARTAMENTO | MIEMBROS PRESENTES | VISITANTES | ASISTENCIA TOTAL | ASISTENCIA TOTAL AL CULTO | CANTIDAD DE OFRENDAS | CONTINUACION* | | | | |
|---|---|---|---|---|---|---|---|---|---|---|---|
| | | | | | | | ASIGNATURA | VISITAS | LLAMADAS TELEFONICAS | CARTAS O TARJETAS | TOTAL DE CONTACTOS |
| | OFICIALES | | | | | | | | | | |
| | | | | | | | | | | | |
| | | | | | | | | | | | |
| | | | | | | | | | | | |
| | | | | | | | | | | | |
| | | | | | | | | | | | |
| | | | | | | | | | | | |
| | | | | | | | | | | | |
| | | | | | | | | | | | |
| | | | | | | | | | | | |
| | | | | | | | | | | | |
| | | | | | | | | | | | |
| | | | | | | | | | | | |
| | | | | | | | | | | | |
| | | | | | | | | | | | |
| | | | | | | | | | | | |
| | | | | | | | | | | | |
| | | | | | | | | | | | |
| | | | | | | | | | | | |
| | | | | | | | | | | | |
| | | | | | | | | | | | |
| | | | | | | | | | | | |
| | | | | | | | | | | | |
| | | | | | | | | | | | |
| | | | | | | | | | | | |
| | DEPARTAMENTO DE EXTENSION† | | | | | | | | | | |
| | TOTALES HOY | | | | | | | | | | |
| | TOTAL AÑO PASADO | | | | | | | | | | |

DATOS PARA INFORME ANUAL

ALMAS SALVADAS ____

ASISTENCIA AL CULTO DE PREDICACION ____%

\* CONTINUACION: LA INFORMACION SERA COMPLETADA EL PROXIMO DOMINGO EXCEPTO LA COLUMNA DE ASIGNATURA.

† CUENTE LA ASISTENCIA DE EXTENSION SOLO SI ESTAN PRESENTES.

# INFORMES SEMANALES

CONDICIONES
DE TIEMPO:

FECHA:                OCASION:

| MATRICULAS | CLASE O DEPARTAMENTO | MIEMBROS PRESENTES | VISITANTES | ASISTENCIA TOTAL | | ASISTENCIA TOTAL AL CULTO | | CANTIDAD DE OFRENDAS | CONTINUACION* | | | | |
|---|---|---|---|---|---|---|---|---|---|---|---|---|---|
| | | | | | | | | | ASIGNATURA | VISITAS | LLAMADAS TELEFONICAS | CARTAS O TARJETAS | TOTAL DE CONTACTOS |
| | OFICIALES | | | | | | | | | | | | |
| | | | | | | | | | | | | | |
| | | | | | | | | | | | | | |
| | | | | | | | | | | | | | |
| | | | | | | | | | | | | | |
| | | | | | | | | | | | | | |
| | | | | | | | | | | | | | |
| | | | | | | | | | | | | | |
| | | | | | | | | | | | | | |
| | | | | | | | | | | | | | |
| | | | | | | | | | | | | | |
| | | | | | | | | | | | | | |
| | | | | | | | | | | | | | |
| | | | | | | | | | | | | | |
| | | | | | | | | | | | | | |
| | | | | | | | | | | | | | |
| | | | | | | | | | | | | | |
| | | | | | | | | | | | | | |
| | | | | | | | | | | | | | |
| | | | | | | | | | | | | | |
| | | | | | | | | | | | | | |
| | | | | | | | | | | | | | |
| | | | | | | | | | | | | | |
| | | | | | | | | | | | | | |
| | | | | | | | | | | | | | |
| | | | | | | | | | | | | | |
| | | | | | | | | | | | | | |
| | DEPARTAMENTO DE EXTENSION † | | | | | | | | | | | | |
| | TOTALES HOY | | | | | | | | | | | | |
| | TOTAL AÑO PASADO | | | | | | | | | | | | |

* CONTINUACION: LA INFORMACION SERA COMPLETADA EL PROXIMO DOMINGO EXCEPTO LA COLUMNA DE ASIGNATURA.

† CUENTE LA ASISTENCIA DE EXTENSION SOLO SI ESTAN PRESENTES.

DATOS PARA INFORME ANUAL

ALMAS SALVADAS _____

ASISTENCIA AL CULTO

DE PREDICACION_____%

# INFORMES SEMANALES

**CONDICIONES DE TIEMPO:**

FECHA:     OCASION:

| MATRICULAS | CLASE O DEPARTAMENTO | MIEMBROS PRESENTES | VISITANTES | ASISTENCIA TOTAL | ASISTENCIA TOTAL AL CULTO | CANTIDAD DE OFRENDAS | CONTINUACION* | | | | |
|---|---|---|---|---|---|---|---|---|---|---|---|
| | | | | | | | ASIGNATURA | VISITAS | LLAMADAS TELEFONICAS | CARTAS O TARJETAS | TOTAL DE CONTACTOS |
| | OFICIALES | | | | | | | | | | |
| | | | | | | | | | | | |
| | | | | | | | | | | | |
| | | | | | | | | | | | |
| | | | | | | | | | | | |
| | | | | | | | | | | | |
| | | | | | | | | | | | |
| | | | | | | | | | | | |
| | | | | | | | | | | | |
| | | | | | | | | | | | |
| | | | | | | | | | | | |
| | | | | | | | | | | | |
| | | | | | | | | | | | |
| | | | | | | | | | | | |
| | | | | | | | | | | | |
| | | | | | | | | | | | |
| | | | | | | | | | | | |
| | | | | | | | | | | | |
| | | | | | | | | | | | |
| | | | | | | | | | | | |
| | | | | | | | | | | | |
| | | | | | | | | | | | |
| | | | | | | | | | | | |
| | | | | | | | | | | | |
| | | | | | | | | | | | |
| | | | | | | | | | | | |
| | | | | | | | | | | | |
| | | | | | | | | | | | |
| | DEPARTAMENTO DE EXTENSION † | | | | | | | | | | |
| | TOTALES HOY | | | | | | | | | | |
| | TOTAL AÑO PASADO | | | | | | | | | | |

* CONTINUACION: LA INFORMACION SERA COMPLETADA EL PROXIMO DOMINGO EXCEPTO LA COLUMNA DE ASIGNATURA.

† CUENTE LA ASISTENCIA DE EXTENSION SOLO SI ESTAN PRESENTES.

**DATOS PARA INFORME ANUAL**

ALMAS SALVADAS _____

ASISTENCIA AL CULTO DE PREDICACION _____%

# INFORMES SEMANALES

CONDICIONES DE TIEMPO:

FECHA:  OCASION:

| MATRICULAS | CLASE O DEPARTAMENTO | MIEMBROS PRESENTES | VISITANTES | ASISTENCIA TOTAL | ASISTENCIA TOTAL AL CULTO | CANTIDAD DE OFRENDAS | CONTINUACION* | | | | |
|---|---|---|---|---|---|---|---|---|---|---|---|
| | | | | | | | ASIGNATURA | VISITAS | LLAMADAS TELEFONICAS | CARTAS O TARJETAS | TOTAL DE CONTACTOS |
| | OFICIALES | | | | | | | | | | |
| | | | | | | | | | | | |
| | | | | | | | | | | | |
| | | | | | | | | | | | |
| | | | | | | | | | | | |
| | | | | | | | | | | | |
| | | | | | | | | | | | |
| | | | | | | | | | | | |
| | | | | | | | | | | | |
| | | | | | | | | | | | |
| | | | | | | | | | | | |
| | | | | | | | | | | | |
| | | | | | | | | | | | |
| | | | | | | | | | | | |
| | | | | | | | | | | | |
| | | | | | | | | | | | |
| | | | | | | | | | | | |
| | | | | | | | | | | | |
| | | | | | | | | | | | |
| | | | | | | | | | | | |
| | | | | | | | | | | | |
| | | | | | | | | | | | |
| | | | | | | | | | | | |
| | | | | | | | | | | | |
| | DEPARTAMENTO DE EXTENSION † | | | | | | | | | | |
| | TOTALES HOY | | | | | | | | | | |
| | TOTAL AÑO PASADO | | | | | | | | | | |

* CONTINUACION: LA INFORMACION SERA COMPLETADA EL PROXIMO DOMINGO EXCEPTO LA COLUMNA DE ASIGNATURA.

† CUENTE LA ASISTENCIA DE EXTENSION SOLO SI ESTAN PRESENTES.

DATOS PARA INFORME ANUAL
ALMAS SALVADAS ____
ASISTENCIA AL CULTO
DE PREDICACION ____%

INFORMES SEMANALES

# INFORMES SEMANALES

**CONDICIONES DE TIEMPO:**

FECHA:          OCASION:

| MATRICULAS | CLASE O DEPARTAMENTO | MIEMBROS PRESENTES | VISITANTES | ASISTENCIA TOTAL | ASISTENCIA TOTAL AL CULTO | CANTIDAD DE OFRENDAS | CONTINUACION* | | | | |
|---|---|---|---|---|---|---|---|---|---|---|---|
| | | | | | | | ASIGNATURA | VISITAS | LLAMADAS TELEFONICAS | CARTAS O TARJETAS | TOTAL DE CONTACTOS |
| | OFICIALES | | | | | | | | | | |
| | | | | | | | | | | | |
| | | | | | | | | | | | |
| | | | | | | | | | | | |
| | | | | | | | | | | | |
| | | | | | | | | | | | |
| | | | | | | | | | | | |
| | | | | | | | | | | | |
| | | | | | | | | | | | |
| | | | | | | | | | | | |
| | | | | | | | | | | | |
| | | | | | | | | | | | |
| | | | | | | | | | | | |
| | | | | | | | | | | | |
| | | | | | | | | | | | |
| | | | | | | | | | | | |
| | | | | | | | | | | | |
| | | | | | | | | | | | |
| | | | | | | | | | | | |
| | | | | | | | | | | | |
| | | | | | | | | | | | |
| | | | | | | | | | | | |
| | | | | | | | | | | | |
| | | | | | | | | | | | |
| | | | | | | | | | | | |
| | | | | | | | | | | | |
| | | | | | | | | | | | |
| | | | | | | | | | | | |
| | DEPARTAMENTO DE EXTENSION† | | | | | | | | | | |
| | TOTALES HOY | | | | | | | | | | |
| | TOTAL AÑO PASADO | | | | | | | | | | |

\* CONTINUACION: LA INFORMACION SERA COMPLETADA EL PROXIMO DOMINGO EXCEPTO LA COLUMNA DE ASIGNATURA.

† CUENTE LA ASISTENCIA DE EXTENSION SOLO SI ESTAN PRESENTES.

**DATOS PARA INFORME ANUAL**

ALMAS SALVADAS _____

ASISTENCIA AL CULTO DE PREDICACION _____%

74

# RESUMENES MENSUALES

PROMEDIOS Y TOTALES PARA EL MES DE ................................................................DE ..........

| PROMEDIO DE MATRICULA | CLASE O DEPARTAMENTO | PROMEDIO MIEMBROS PRES. | PROMEDIO VISITANTES | PROMEDIO ASISTENCIA | PROMEDIO ASISTENCIA AL CULTO | PROMEDIO DE OFRENDA | CONTINUACION | | | | |
|---|---|---|---|---|---|---|---|---|---|---|---|
| | | | | | | | TOTAL ASIGN. | TOTAL VISITAS | TOTAL LLAMADAS TEL. | TOTAL CARTAS Y TARJ. | TOTAL CONTACTOS |
| | OFICIALES | | | | | | | | | | |
| | | | | | | | | | | | |
| | | | | | | | | | | | |
| | | | | | | | | | | | |
| | | | | | | | | | | | |
| | | | | | | | | | | | |
| | | | | | | | | | | | |
| | | | | | | | | | | | |
| | | | | | | | | | | | |
| | | | | | | | | | | | |
| | | | | | | | | | | | |
| | | | | | | | | | | | |
| | | | | | | | | | | | |
| | | | | | | | | | | | |
| | | | | | | | | | | | |
| | | | | | | | | | | | |
| | | | | | | | | | | | |
| | | | | | | | | | | | |
| | | | | | | | | | | | |
| | | | | | | | | | | | |
| | | | | | | | | | | | |
| | | | | | | | | | | | |
| | | | | | | | | | | | |
| | | | | | | | | | | | |
| | | | | | | | | | | | |
| | | | | | | | | | | | |
| | | | | | | | | | | | |
| | DEPARTAMENTO DE EXTENSION | | | | | | | | | | |
| | TOTALES | | | | | | | | | | |

NUMERO PRESENTE EN LA CONFERENCIA DE OBREROS [ ]

TOTAL DE ALMAS SALVADAS ESTE MES ..............

PROMEDIO DE ASISTENCIA AL CULTO ..........%

# INFORMES SEMANALES

CONDICIONES DE TIEMPO:

FECHA:      OCASION:

| MATRICULAS | CLASE O DEPARTAMENTO | MIEMBROS PRESENTES | VISITANTES | ASISTENCIA TOTAL | ASISTENCIA TOTAL AL CULTO | CANTIDAD DE OFRENDAS | CONTINUACION* | | | | |
|---|---|---|---|---|---|---|---|---|---|---|---|
| | | | | | | | ASIGNATURA | VISITAS | LLAMADAS TELEFONICAS | CARTAS O TARJETAS | TOTAL DE CONTACTOS |
| | OFICIALES | | | | | | | | | | |
| | | | | | | | | | | | |
| | | | | | | | | | | | |
| | | | | | | | | | | | |
| | | | | | | | | | | | |
| | | | | | | | | | | | |
| | | | | | | | | | | | |
| | | | | | | | | | | | |
| | | | | | | | | | | | |
| | | | | | | | | | | | |
| | | | | | | | | | | | |
| | | | | | | | | | | | |
| | | | | | | | | | | | |
| | | | | | | | | | | | |
| | | | | | | | | | | | |
| | | | | | | | | | | | |
| | | | | | | | | | | | |
| | | | | | | | | | | | |
| | | | | | | | | | | | |
| | | | | | | | | | | | |
| | | | | | | | | | | | |
| | | | | | | | | | | | |
| | | | | | | | | | | | |
| | | | | | | | | | | | |
| | | | | | | | | | | | |
| | | | | | | | | | | | |
| | | | | | | | | | | | |
| | | | | | | | | | | | |
| | | | | | | | | | | | |
| | DEPARTAMENTO DE EXTENSION† | | | | | | | | | | |
| | TOTALES HOY | | | | | | | | | | |
| | TOTAL AÑO PASADO | | | | | | | | | | |

DATOS PARA INFORME ANUAL

* CONTINUACION: LA INFORMACION SERA COMPLETADA EL PROXIMO DOMINGO EXCEPTO LA COLUMNA DE ASIGNATURA.

† CUENTE LA ASISTENCIA DE EXTENSION SOLO SI ESTAN PRESENTES.

ALMAS SALVADAS ___
ASISTENCIA AL CULTO
DE PREDICACION ___%

# INFORMES SEMANALES

CONDICIONES DE TIEMPO:

FECHA: _____ OCASION: _____

| MATRICULAS | CLASE O DEPARTAMENTO | MIEMBROS PRESENTES | VISITANTES | ASISTENCIA TOTAL | ASISTENCIA TOTAL AL CULTO | CANTIDAD DE OFRENDAS | CONTINUACION* | | | | |
|---|---|---|---|---|---|---|---|---|---|---|---|
| | | | | | | | ASIGNATURA | VISITAS | LLAMADAS TELEFONICAS | CARTAS O TARJETAS | TOTAL DE CONTACTOS |
| | OFICIALES | | | | | | | | | | |
| | | | | | | | | | | | |
| | | | | | | | | | | | |
| | | | | | | | | | | | |
| | | | | | | | | | | | |
| | | | | | | | | | | | |
| | | | | | | | | | | | |
| | | | | | | | | | | | |
| | | | | | | | | | | | |
| | | | | | | | | | | | |
| | | | | | | | | | | | |
| | | | | | | | | | | | |
| | | | | | | | | | | | |
| | | | | | | | | | | | |
| | | | | | | | | | | | |
| | | | | | | | | | | | |
| | | | | | | | | | | | |
| | | | | | | | | | | | |
| | | | | | | | | | | | |
| | | | | | | | | | | | |
| | | | | | | | | | | | |
| | | | | | | | | | | | |
| | | | | | | | | | | | |
| | | | | | | | | | | | |
| | | | | | | | | | | | |
| | DEPARTAMENTO DE EXTENSION† | | | | | | | | | | |
| | TOTALES HOY | | | | | | | | | | |
| | TOTAL AÑO PASADO | | | | | | | | | | |

\* CONTINUACION: LA INFORMACION SERA COMPLETADA EL PROXIMO DOMINGO EXCEPTO LA COLUMNA DE ASIGNATURA.

† CUENTE LA ASISTENCIA DE EXTENSION SOLO SI ESTAN PRESENTES.

**DATOS PARA INFORME ANUAL**

ALMAS SALVADAS _____

ASISTENCIA AL CULTO DE PREDICACION_____%

77

# INFORMES SEMANALES

CONDICIONES DE TIEMPO:

FECHA:     OCASION:

| MATRICULAS | CLASE O DEPARTAMENTO | MIEMBROS PRESENTES | VISITANTES | ASISTENCIA TOTAL | ASISTENCIA TOTAL AL CULTO | CANTIDAD DE OFRENDAS | CONTINUACION* | | | | |
|---|---|---|---|---|---|---|---|---|---|---|---|
| | | | | | | | ASIGNATURA | VISITAS | LLAMADAS TELEFONICAS | CARTAS O TARJETAS | TOTAL DE CONTACTOS |
| | OFICIALES | | | | | | | | | | |
| | | | | | | | | | | | |
| | | | | | | | | | | | |
| | | | | | | | | | | | |
| | | | | | | | | | | | |
| | | | | | | | | | | | |
| | | | | | | | | | | | |
| | | | | | | | | | | | |
| | | | | | | | | | | | |
| | | | | | | | | | | | |
| | | | | | | | | | | | |
| | | | | | | | | | | | |
| | | | | | | | | | | | |
| | | | | | | | | | | | |
| | | | | | | | | | | | |
| | | | | | | | | | | | |
| | | | | | | | | | | | |
| | | | | | | | | | | | |
| | | | | | | | | | | | |
| | | | | | | | | | | | |
| | | | | | | | | | | | |
| | | | | | | | | | | | |
| | | | | | | | | | | | |
| | | | | | | | | | | | |
| | | | | | | | | | | | |
| | | | | | | | | | | | |
| | | | | | | | | | | | |
| | DEPARTAMENTO DE EXTENSION† | | | | | | | | | | |
| | TOTALES HOY | | | | | | | | | | |
| | TOTAL AÑO PASADO | | | | | | | | | | |

DATOS PARA INFORME ANUAL

ALMAS SALVADAS _____

ASISTENCIA AL CULTO DE PREDICACION _____%

* CONTINUACION: LA INFORMACION SERA COMPLETADA EL PROXIMO DOMINGO EXCEPTO LA COLUMNA DE ASIGNATURA.

† CUENTE LA ASISTENCIA DE EXTENSION SOLO SI ESTAN PRESENTES.

# INFORMES SEMANALES

CONDICIONES
DE TIEMPO:

FECHA:     OCASION:

| MATRICULAS | CLASE O DEPARTAMENTO | MIEMBROS PRESENTES | VISITANTES | ASISTENCIA TOTAL | | ASISTENCIA TOTAL AL CULTO | CANTIDAD DE OFRENDAS | | CONTINUACION* | | | | |
|---|---|---|---|---|---|---|---|---|---|---|---|---|---|
| | | | | | | | | | ASIGNATURA | VISITAS | LLAMADAS TELEFONICAS | CARTAS O TARJETAS | TOTAL DE CONTACTOS |
| | OFICIALES | | | | | | | | | | | | |
| | | | | | | | | | | | | | |
| | | | | | | | | | | | | | |
| | | | | | | | | | | | | | |
| | | | | | | | | | | | | | |
| | | | | | | | | | | | | | |
| | | | | | | | | | | | | | |
| | | | | | | | | | | | | | |
| | | | | | | | | | | | | | |
| | | | | | | | | | | | | | |
| | | | | | | | | | | | | | |
| | | | | | | | | | | | | | |
| | | | | | | | | | | | | | |
| | | | | | | | | | | | | | |
| | | | | | | | | | | | | | |
| | | | | | | | | | | | | | |
| | | | | | | | | | | | | | |
| | | | | | | | | | | | | | |
| | | | | | | | | | | | | | |
| | | | | | | | | | | | | | |
| | | | | | | | | | | | | | |
| | | | | | | | | | | | | | |
| | | | | | | | | | | | | | |
| | | | | | | | | | | | | | |
| | | | | | | | | | | | | | |
| | | | | | | | | | | | | | |
| | | | | | | | | | | | | | |
| | | | | | | | | | | | | | |
| | | | | | | | | | | | | | |
| | DEPARTAMENTO DE EXTENSION† | | | | | | | | | | | | |
| | TOTALES HOY | | | | | | | | | | | | |
| | TOTAL AÑO PASADO | | | | | | | | | | | | |

DATOS PARA INFORME ANUAL

ALMAS SALVADAS \_\_\_\_

ASISTENCIA AL CULTO DE PREDICACION\_\_\_\_%

* CONTINUACION: LA INFORMACION SERA COMPLETADA EL PROXIMO DOMINGO EXCEPTO LA COLUMNA DE ASIGNATURA.

† CUENTE LA ASISTENCIA DE EXTENSION SOLO SI ESTAN PRESENTES.

# INFORMES SEMANALES

CONDICIONES DE TIEMPO:

FECHA:     OCASION:

| MATRICULAS | CLASE O DEPARTAMENTO | MIEMBROS PRESENTES | VISITANTES | ASISTENCIA TOTAL | ASISTENCIA TOTAL AL CULTO | CANTIDAD DE OFRENDAS | CONTINUACION* | | | | |
|---|---|---|---|---|---|---|---|---|---|---|---|
| | | | | | | | ASIGNATURA | VISITAS | LLAMADAS TELEFONICAS | CARTAS O TARJETAS | TOTAL DE CONTACTOS |
| | OFICIALES | | | | | | | | | | |
| | | | | | | | | | | | |
| | | | | | | | | | | | |
| | | | | | | | | | | | |
| | | | | | | | | | | | |
| | | | | | | | | | | | |
| | | | | | | | | | | | |
| | | | | | | | | | | | |
| | | | | | | | | | | | |
| | | | | | | | | | | | |
| | | | | | | | | | | | |
| | | | | | | | | | | | |
| | | | | | | | | | | | |
| | | | | | | | | | | | |
| | | | | | | | | | | | |
| | | | | | | | | | | | |
| | | | | | | | | | | | |
| | | | | | | | | | | | |
| | | | | | | | | | | | |
| | | | | | | | | | | | |
| | | | | | | | | | | | |
| | | | | | | | | | | | |
| | | | | | | | | | | | |
| | | | | | | | | | | | |
| | | | | | | | | | | | |
| | | | | | | | | | | | |
| | | | | | | | | | | | |
| | | | | | | | | | | | |
| | | | | | | | | | | | |
| | DEPARTAMENTO DE EXTENSION† | | | | | | | | | | |
| | TOTALES HOY | | | | | | | | | | |
| | TOTAL AÑO PASADO | | | | | | | | | | |

**DATOS PARA INFORME ANUAL**

ALMAS SALVADAS _____

ASISTENCIA AL CULTO DE PREDICACION _____%

\* CONTINUACION: LA INFORMACION SERA COMPLETADA EL PROXIMO DOMINGO EXCEPTO LA COLUMNA DE ASIGNATURA.

† CUENTE LA ASISTENCIA DE EXTENSION SOLO SI ESTAN PRESENTES.

80

# RESUMENES MENSUALES

PROMEDIOS Y TOTALES PARA EL MES DE ........................................... DE ..........

| PROMEDIO DE MATRICULA | CLASE O DEPARTAMENTO | PROMEDIO MIEMBROS PRES. | PROMEDIO VISITANTES | PROMEDIO ASISTENCIA | PROMEDIO ASISTENCIA AL CULTO | PROMEDIO DE OFRENDA | CONTINUACION | | | | |
|---|---|---|---|---|---|---|---|---|---|---|---|
| | | | | | | | TOTAL ASIGN. | TOTAL VISITAS | TOTAL LLAMADAS TEL. | TOTAL CARTAS Y TARJ. | TOTAL CONTACTOS |
| | OFICIALES | | | | | | | | | | |
| | | | | | | | | | | | |
| | | | | | | | | | | | |
| | | | | | | | | | | | |
| | | | | | | | | | | | |
| | | | | | | | | | | | |
| | | | | | | | | | | | |
| | | | | | | | | | | | |
| | | | | | | | | | | | |
| | | | | | | | | | | | |
| | | | | | | | | | | | |
| | | | | | | | | | | | |
| | | | | | | | | | | | |
| | | | | | | | | | | | |
| | | | | | | | | | | | |
| | | | | | | | | | | | |
| | | | | | | | | | | | |
| | | | | | | | | | | | |
| | | | | | | | | | | | |
| | | | | | | | | | | | |
| | | | | | | | | | | | |
| | | | | | | | | | | | |
| | | | | | | | | | | | |
| | | | | | | | | | | | |
| | | | | | | | | | | | |
| | | | | | | | | | | | |
| | | | | | | | | | | | |
| | DEPARTAMENTO DE EXTENSION | | | | | | | | | | |
| | TOTALES | | | | | | | | | | |

NUMERO PRESENTE EN LA CONFERENCIA DE OBREROS [ ]

TOTAL DE ALMAS SALVADAS ESTE MES_____

PROMEDIO DE ASISTENCIA AL CULTO_____%

# RESUMENES TRIMESTRALES

PROMEDIO DE TOTALES PARA EL_____TRIMESTRE DE_____A_____DE_____

| PROMEDIO DE MATRICULA | CLASE O DEPARTAMENTO | PROMEDIO MIEMBROS PRES. | PROMEDIO VISITANTES | PROMEDIO ASISTENCIA | PROMEDIO ASISTENCIA AL CULTO | PROMEDIO DE OFRENDA | | CONTINUACION | | | | |
|---|---|---|---|---|---|---|---|---|---|---|---|---|
| | | | | | | | | TOTAL ASIGN. | TOTAL VISITAS | TOTAL LLAMADAS TEL. | TOTAL CARTAS Y TARJ. | TOTAL CONTACTOS |
| | OFICIALES | | | | | | | | | | | |
| | | | | | | | | | | | | |
| | | | | | | | | | | | | |
| | | | | | | | | | | | | |
| | | | | | | | | | | | | |
| | | | | | | | | | | | | |
| | | | | | | | | | | | | |
| | | | | | | | | | | | | |
| | | | | | | | | | | | | |
| | | | | | | | | | | | | |
| | | | | | | | | | | | | |
| | | | | | | | | | | | | |
| | | | | | | | | | | | | |
| | | | | | | | | | | | | |
| | | | | | | | | | | | | |
| | | | | | | | | | | | | |
| | | | | | | | | | | | | |
| | | | | | | | | | | | | |
| | | | | | | | | | | | | |
| | | | | | | | | | | | | |
| | | | | | | | | | | | | |
| | | | | | | | | | | | | |
| | | | | | | | | | | | | |
| | | | | | | | | | | | | |
| | | | | | | | | | | | | |
| | | | | | | | | | | | | |
| | | | | | | | | | | | | |
| | | | | | | | | | | | | |
| | | | | | | | | | | | | |
| | | | | | | | | | | | | |
| | | | | | | | | | | | | |
| | DEPARTAMENTO DE EXTENSION | | | | | | | | | | | |
| | TOTALES | | | | | | | | | | | |

NUMERO DE CONFERENCIAS DE OBREROS [     ]

TOTAL ALMAS SALVADAS ESTE TRIMESTRE_____

PROMEDIO DE ASISTENCIA AL CULTO_____%

# RESUMENES TRIMESTRALES

PROMEDIO DE TOTALES PARA EL ................... TRIMESTRE DE ............... A ............... DE ...............

| PROMEDIO DE MATRICULA | CLASE O DEPARTAMENTO | PROMEDIO MIEMBROS PRES. | PROMEDIO VISITANTES | PROMEDIO ASISTENCIA | PROMEDIO ASISTENCIA AL CULTO | PROMEDIO DE OFRENDA | CONTINUACION | | | | |
|---|---|---|---|---|---|---|---|---|---|---|---|
| | | | | | | | TOTAL ASIGN. | TOTAL VISITAS | TOTAL LLAMADAS TEL. | TOTAL CARTAS Y TARJ. | TOTAL CONTACTOS |
| | OFICIALES | | | | | | | | | | |
| | | | | | | | | | | | |
| | | | | | | | | | | | |
| | | | | | | | | | | | |
| | | | | | | | | | | | |
| | | | | | | | | | | | |
| | | | | | | | | | | | |
| | | | | | | | | | | | |
| | | | | | | | | | | | |
| | | | | | | | | | | | |
| | | | | | | | | | | | |
| | | | | | | | | | | | |
| | | | | | | | | | | | |
| | | | | | | | | | | | |
| | | | | | | | | | | | |
| | | | | | | | | | | | |
| | | | | | | | | | | | |
| | | | | | | | | | | | |
| | | | | | | | | | | | |
| | | | | | | | | | | | |
| | | | | | | | | | | | |
| | | | | | | | | | | | |
| | | | | | | | | | | | |
| | | | | | | | | | | | |
| | | | | | | | | | | | |
| | | | | | | | | | | | |
| | | | | | | | | | | | |
| | DEPARTAMENTO DE EXTENSION | | | | | | | | | | |
| | TOTALES | | | | | | | | | | |

NUMERO DE CONFERENCIAS DE OBREROS [ ]

TOTAL ALMAS SALVADAS ESTE TRIMESTRE _____

PROMEDIO DE ASISTENCIA AL CULTO _____ %

# RESUMENES TRIMESTRALES

PROMEDIO DE TOTALES PARA EL_____TRIMESTRE DE_____A_____DE 19_____

| PROMEDIO DE MATRICULA | CLASE O DEPARTAMENTO | PROMEDIO MIEMBROS PRES. | PROMEDIO VISITANTES | PROMEDIO ASISTENCIA | PROMEDIO ASISTENCIA AL CULTO | PROMEDIO DE OFRENDA | CONTINUACION | | | | |
|---|---|---|---|---|---|---|---|---|---|---|---|
| | | | | | | | TOTAL ASIGN. | TOTAL VISITAS | TOTAL LLAMADAS TEL. | TOTAL CARTAS Y TARJ. | TOTAL CONTACTOS |
| | OFICIALES | | | | | | | | | | |
| | | | | | | | | | | | |
| | | | | | | | | | | | |
| | | | | | | | | | | | |
| | | | | | | | | | | | |
| | | | | | | | | | | | |
| | | | | | | | | | | | |
| | | | | | | | | | | | |
| | | | | | | | | | | | |
| | | | | | | | | | | | |
| | | | | | | | | | | | |
| | | | | | | | | | | | |
| | | | | | | | | | | | |
| | | | | | | | | | | | |
| | | | | | | | | | | | |
| | | | | | | | | | | | |
| | | | | | | | | | | | |
| | | | | | | | | | | | |
| | | | | | | | | | | | |
| | | | | | | | | | | | |
| | | | | | | | | | | | |
| | | | | | | | | | | | |
| | | | | | | | | | | | |
| | | | | | | | | | | | |
| | | | | | | | | | | | |
| | | | | | | | | | | | |
| | | | | | | | | | | | |
| | DEPARTAMENTO DE EXTENSION | | | | | | | | | | |
| | TOTALES | | | | | | | | | | |

NUMERO DE CONFERENCIAS DE OBREROS [ ]

TOTAL ALMAS SALVADAS ESTE TRIMESTRE_____
PROMEDIO DE ASISTENCIA AL CULTO_____%

# RESUMENES TRIMESTRALES

PROMEDIO DE TOTALES PARA EL.............................TRIMESTRE DE...................A..............DE..............

| PROMEDIO DE MATRICULA | CLASE O DEPARTAMENTO | PROMEDIO MIEMBROS PRES. | PROMEDIO VISITANTES | PROMEDIO ASISTENCIA | PROMEDIO ASISTENCIA AL CULTO | PROMEDIO DE OFRENDA | CONTINUACION | | | | |
|---|---|---|---|---|---|---|---|---|---|---|---|
| | | | | | | | TOTAL ASIGN. | TOTAL VISITAS | TOTAL LLAMADAS TEL. | TOTAL CARTAS Y TARJ. | TOTAL CONTACTOS |
| | OFICIALES | | | | | | | | | | |
| | | | | | | | | | | | |
| | | | | | | | | | | | |
| | | | | | | | | | | | |
| | | | | | | | | | | | |
| | | | | | | | | | | | |
| | | | | | | | | | | | |
| | | | | | | | | | | | |
| | | | | | | | | | | | |
| | | | | | | | | | | | |
| | | | | | | | | | | | |
| | | | | | | | | | | | |
| | | | | | | | | | | | |
| | | | | | | | | | | | |
| | | | | | | | | | | | |
| | | | | | | | | | | | |
| | | | | | | | | | | | |
| | | | | | | | | | | | |
| | | | | | | | | | | | |
| | | | | | | | | | | | |
| | | | | | | | | | | | |
| | | | | | | | | | | | |
| | | | | | | | | | | | |
| | | | | | | | | | | | |
| | | | | | | | | | | | |
| | | | | | | | | | | | |
| | | | | | | | | | | | |
| | | | | | | | | | | | |
| | | | | | | | | | | | |
| | DEPARTAMENTO DE EXTENSION | | | | | | | | | | |
| | TOTALES | | | | | | | | | | |

NUMERO DE CONFERENCIAS DE OBREROS [  ]

TOTAL ALMAS SALVADAS ESTE TRIMESTRE_____
PROMEDIO DE ASISTENCIA AL CULTO_____%

RESUMENES

# INFORMES ANUALES

PROMEDIO DE TOTALES PARA EL FIN DEL AÑO _____ DE 19 _____

| PROMEDIO DE MATRICULA | CLASE O DEPARTAMENTO | PROMEDIO MIEMBROS PRES. | PROMEDIO VISITANTES | PROMEDIO ASISTENCIA | PROMEDIO ASISTENCIA AL CULTO | PROMEDIO DE OFRENDA | CONTINUACION | | | | |
|---|---|---|---|---|---|---|---|---|---|---|---|
| | | | | | | | TOTAL ASIGN. | TOTAL VISITAS | TOTAL LLAMADAS TEL. | TOTAL CARTAS Y TARJ. | TOTAL CONTACTOS |
| | OFICIALES | | | | | | | | | | |
| | | | | | | | | | | | |
| | | | | | | | | | | | |
| | | | | | | | | | | | |
| | | | | | | | | | | | |
| | | | | | | | | | | | |
| | | | | | | | | | | | |
| | | | | | | | | | | | |
| | | | | | | | | | | | |
| | | | | | | | | | | | |
| | | | | | | | | | | | |
| | | | | | | | | | | | |
| | | | | | | | | | | | |
| | | | | | | | | | | | |
| | | | | | | | | | | | |
| | | | | | | | | | | | |
| | | | | | | | | | | | |
| | | | | | | | | | | | |
| | | | | | | | | | | | |
| | | | | | | | | | | | |
| | | | | | | | | | | | |
| | | | | | | | | | | | |
| | | | | | | | | | | | |
| | | | | | | | | | | | |
| | | | | | | | | | | | |
| | | | | | | | | | | | |
| | | | | | | | | | | | |
| | | | | | | | | | | | |
| | | | | | | | | | | | |
| | DEPARTAMENTO DE EXTENSION | | | | | | | | | | |
| | TOTALES | | | | | | | | | | |

NUMERO DE CONFERENCIAS DE OBREROS [  ]

TOTAL DE ALMAS SALVADAS ESTE AÑO _____

PROMEDIO DE ASISTENCIA AL CULTO _____ %

86

# METAS PARA EL AÑO

ENERO ........................ DICIEMBRE ........................

|  | AÑO PASADO | META ESTE AÑO |
|---|---|---|
| PROMEDIO DE MATRICULA |  |  |
| PROMEDIO DE ASISTENCIA |  |  |
| PROMEDIO DE OFRENDA |  |  |
| OFRENDA MISIONERA |  |  |
| CALIFICATION DEL CUESTIONARIO ANUAL |  |  |

## METAS PARA EL DEPARTAMENTO O CLASE

|  | MATRICULA | ASISTENCIA | OFRENDA |
|---|---|---|---|
| CLASE DE CUNA |  |  |  |
| PARVULOS |  |  |  |
| PRINCIPIANTES |  |  |  |
| PRIMARIOS |  |  |  |
| INTERMEDIOS |  |  |  |
| JOVENES |  |  |  |
| JOVENES MAYORES |  |  |  |
| ADULTOS |  |  |  |
| DEPARTAMENTO DE EXTENSION |  |  |  |
|  |  |  |  |
|  |  |  |  |
|  |  |  |  |

# REGISTRO DE EVANGELISMO EN LA ESCUELA DOMINICAL

LISTA DE PERSONAS SALVADAS POR ESFUERZOS DIRECTOS O INDIRECTOS DE LA E.D.

| NOMBRE | FECHA DE DECISION | COMENTARIOS |
|---|---|---|
| | | |
| | | |
| | | |
| | | |
| | | |
| | | |
| | | |
| | | |
| | | |
| | | |
| | | |
| | | |
| | | |
| | | |
| | | |
| | | |
| | | |
| | | |
| | | |
| | | |
| | | |
| | | |
| | | |
| | | |
| | | |
| | | |
| | | |
| | | |
| | | |
| | | |
| | | |
| | | |

# REGISTRO DE EVANGELISMO EN LA ESCUELA DOMINICAL

LISTA DE PERSONAS SALVADAS POR ESFUERZOS DIRECTOS O INDIRECTOS DE LA E.D.

| NOMBRE | FECHA DE DECISION | COMENTARIOS |
|--------|-------------------|-------------|
|        |                   |             |
|        |                   |             |
|        |                   |             |
|        |                   |             |
|        |                   |             |
|        |                   |             |
|        |                   |             |
|        |                   |             |
|        |                   |             |
|        |                   |             |
|        |                   |             |
|        |                   |             |
|        |                   |             |
|        |                   |             |
|        |                   |             |
|        |                   |             |
|        |                   |             |
|        |                   |             |
|        |                   |             |
|        |                   |             |
|        |                   |             |
|        |                   |             |
|        |                   |             |
|        |                   |             |
|        |                   |             |
|        |                   |             |
|        |                   |             |
|        |                   |             |
|        |                   |             |
|        |                   |             |

INFORMES ANUALES

# RESUMEN DE OFRENDAS ESPECIALES

| OFRENDAS MISIONERAS | | | |
|---|---|---|---|
| | MENSUAL | C. I. M. A.* | OTROS |
| ENERO | $ | $ | $ |
| FEBRERO | $ | $ | $ |
| MARZO | $ | $ | $ |
| ABRIL | $ | $ | $ |
| MAYO | $ | $ | $ |
| JUNIO | $ | $ | $ |
| JULIO | $ | $ | $ |
| AGOSTO | $ | $ | $ |
| SEPTIEMBRE | $ | $ | $ |
| OCTUBRE | $ | $ | $ |
| NOVIEMBRE | $ | $ | $ |
| DICIEMBRE | $ | $ | $ |
| TOTALES | $ | $ | $ |

## MISCELANEOS

NOMBRE DEL PROYECTO:

| | | | |
|---|---|---|---|
| ENE. $ | ABRIL $ | JULIO $ | OCT. $ |
| FEB. $ | MAYO $ | AGOSTO $ | NOV. $ |
| MARZO $ | JUNIO $ | SEPT. $ | DIC. $ |
| TOTAL $ | TOTAL $ | TOTAL $ | TOTAL $ |

*CRUZADA INFANTIL MISIONERA DE LAS AMERICAS

# INFORMES FINANCIEROS

| FECHA | CONCEPTO | ENTRADAS | | SALIDAS | |
|-------|----------|----------|---|---------|---|
| | | | | | |
| | | | | | |
| | | | | | |
| | | | | | |
| | | | | | |
| | | | | | |
| | | | | | |
| | | | | | |
| | | | | | |
| | | | | | |
| | | | | | |
| | | | | | |
| | | | | | |
| | | | | | |
| | | | | | |
| | | | | | |
| | | | | | |
| | | | | | |
| | | | | | |
| | | | | | |
| | | | | | |
| | | | | | |
| | | | | | |
| | | | | | |
| | | | | | |
| | | | | | |
| | | | | | |
| | | | | | |

# INFORMES FINANCIEROS

| FECHA | CONCEPTO | ENTRADAS | | SALIDAS | |
|-------|----------|----------|---|---------|---|
| | | | | | |
| | | | | | |
| | | | | | |
| | | | | | |
| | | | | | |
| | | | | | |
| | | | | | |
| | | | | | |
| | | | | | |
| | | | | | |
| | | | | | |
| | | | | | |
| | | | | | |
| | | | | | |
| | | | | | |
| | | | | | |
| | | | | | |
| | | | | | |
| | | | | | |
| | | | | | |
| | | | | | |
| | | | | | |
| | | | | | |
| | | | | | |
| | | | | | |
| | | | | | |
| | | | | | |
| | | | | | |
| | | | | | |
| | | | | | |

# INFORMES FINANCIEROS

| FECHA | CONCEPTO | ENTRADAS | | SALIDAS | |
|---|---|---|---|---|---|
| | | | | | |
| | | | | | |
| | | | | | |
| | | | | | |
| | | | | | |
| | | | | | |
| | | | | | |
| | | | | | |
| | | | | | |
| | | | | | |
| | | | | | |
| | | | | | |
| | | | | | |
| | | | | | |
| | | | | | |
| | | | | | |
| | | | | | |
| | | | | | |
| | | | | | |
| | | | | | |
| | | | | | |
| | | | | | |
| | | | | | |
| | | | | | |
| | | | | | |
| | | | | | |
| | | | | | |
| | | | | | |
| | | | | | |
| | | | | | |
| | | | | | |
| | | | | | |

# INFORMES FINANCIEROS

| FECHA | CONCEPTO | ENTRADAS | | SALIDAS | |
|-------|----------|----------|---|---------|---|
| | | | | | |
| | | | | | |
| | | | | | |
| | | | | | |
| | | | | | |
| | | | | | |
| | | | | | |
| | | | | | |
| | | | | | |
| | | | | | |
| | | | | | |
| | | | | | |
| | | | | | |
| | | | | | |
| | | | | | |
| | | | | | |
| | | | | | |
| | | | | | |
| | | | | | |
| | | | | | |
| | | | | | |
| | | | | | |
| | | | | | |
| | | | | | |
| | | | | | |
| | | | | | |
| | | | | | |
| | | | | | |
| | | | | | |
| | | | | | |
| | | | | | |
| | | | | | |
| | | | | | |

# INFORMES FINANCIEROS

| FECHA | CONCEPTO | ENTRADAS | | SALIDAS | |
|-------|----------|----------|--|---------|--|
| | | | | | |
| | | | | | |
| | | | | | |
| | | | | | |
| | | | | | |
| | | | | | |
| | | | | | |
| | | | | | |
| | | | | | |
| | | | | | |
| | | | | | |
| | | | | | |
| | | | | | |
| | | | | | |
| | | | | | |
| | | | | | |
| | | | | | |
| | | | | | |
| | | | | | |
| | | | | | |
| | | | | | |
| | | | | | |
| | | | | | |
| | | | | | |
| | | | | | |
| | | | | | |
| | | | | | |
| | | | | | |
| | | | | | |
| | | | | | |
| | | | | | |

# INFORMES FINANCIEROS

| FECHA | CONCEPTO | ENTRADAS | | SALIDAS | |
|---|---|---|---|---|---|
| | | | | | |
| | | | | | |
| | | | | | |
| | | | | | |
| | | | | | |
| | | | | | |
| | | | | | |
| | | | | | |
| | | | | | |
| | | | | | |
| | | | | | |
| | | | | | |
| | | | | | |
| | | | | | |
| | | | | | |
| | | | | | |
| | | | | | |
| | | | | | |
| | | | | | |
| | | | | | |
| | | | | | |
| | | | | | |
| | | | | | |
| | | | | | |
| | | | | | |
| | | | | | |
| | | | | | |
| | | | | | |
| | | | | | |
| | | | | | |